销售冠军成长记系列

金牌销售项目组
组织编写

保险销售
从入门到精通

从目标到业绩的高效销售技巧

化学工业出版社

·北京·

内容简介

《保险销售从入门到精通——从目标到业绩的高效销售技巧》全面系统地介绍了保险销售人员应了解的专业知识、应具备的职业素质、客户开拓拜访技巧、保险计划书设计技巧、客户沟通接洽技巧、客户异议处理技巧、促成客户签单技巧、完善售后服务技巧等内容。本书从大众化的视角,通过"情景再现",将理论和实践紧密结合,向读者传递出保险销售的理论和技巧。"名人名言"栏目与读者分享名人对于保险的感悟。

本书突出实用性和专业性,无论是职场新手,还是经验丰富的保险销售人员,相信阅读本书后都会对保险销售有新的认识,使业绩步步增长。

图书在版编目(CIP)数据

保险销售从入门到精通:从目标到业绩的高效销售技巧/金牌销售项目组组织编写.—北京:化学工业出版社,2021.2
(销售冠军成长记系列)
ISBN 978-7-122-38150-7

Ⅰ.①保⋯ Ⅱ.①金⋯ Ⅲ.①保险业务-销售 Ⅳ.①F840.4

中国版本图书馆CIP数据核字(2020)第243329号

责任编辑:陈　蕾
装帧设计:尹琳琳
责任校对:边　涛

出版发行:化学工业出版社
　　　　　(北京市东城区青年湖南街13号　邮政编码100011)
印　　装:大厂聚鑫印刷有限责任公司
710mm×1000mm　1/16　印张13　字数221千字
2021年2月北京第1版第1次印刷

购书咨询:010-64518888
售后服务:010-64518899
网　　址:http://www.cip.com.cn

凡购买本书,如有缺损质量问题,本社销售中心负责调换。

定　　价:68.00元　　　　　版权所有　违者必究

前言

销售是一门非常大的学问,其中蕴含着很多道理、技巧,销售经验和能力不是简简单单一下就能学成的,它需要不断的打磨和修炼。要做好销售工作需要销售人员具有真才实干,需要勇气、口才、交际能力,更需要一定的知识素养、谈判能力和耐力。一个销售人员通过不断的学习和坚持不懈的努力,一定会产生好的业绩。

销售的起步非常艰辛,对于一个销售新人来说,刚开展业务的时候没有人脉、没有客户、没有经验,难免会遇到各种各样的问题,这时销售人员一定要调整好自己的心态,不懈地坚持努力,以诚待人,积聚人脉,开发客户,让潜在的客户真正了解你,让他们转化为你真正的客户。

基于此,我们组织编写了一套"销售冠军成长记系列"丛书,丛书包括《二手房销售从入门到精通——从目标到业绩的高效销售技巧》《保险销售从入门到精通——从目标到业绩的高效销售技巧》《汽车销售从入门到精通——从目标到业绩的高效销售技巧》《服装销售从入门到精通——从目标到业绩的高效销售技巧》四本。

本套图书具有以下亮点和特色。

◇章节架构方面:每章下都将独立的要点成节,每一节又分"要而言之""详细解读"两大板块,其中"详细解读"运用了大量的图表和"小提示""情景再现""名人名言""相关链接"等栏目，对各知识点进行了丰富和拓展。

◇充分考虑现代人快节奏、高压力的工作方式，完全去"理论化"而注重实际操作性，所有知识点都使用精确而简洁的方式进行描述，并尽可能多地通过碎片化的阅读模式解读各知识点，进一步启发读者去思考、学习并运用各项技能。

其中，《保险销售从入门到精通——从目标到业绩的高效销售技巧》由导读（如何成为一流销售人员）、应了解的专业知识、应具备的职业素质、客户开拓拜访技巧、保险计划书设计技巧、客户沟通接洽技巧、客户异议处理技巧、促成客户签单技巧、完善售后服务技巧等内容组成。

由于笔者水平有限，书中不足之处在所难免，敬请读者批评指正。

编者

目录

001
导读
如何成为一流销售人员

005
第一章
应了解的专业知识

俗话说得好，术业有专攻，对于保险销售员来说，最起码你得有过硬的专业知识，介绍起产品来头头是道，这样客户才能认可你的专业，才能打开销售的大门。

了解保险产品的特点	007
了解保险产品的分类	009
了解保险产品的构成	011
了解常用的保险术语	013
了解保险合同的常识	023

027 第二章 应具备的职业素质

对于保险销售员来说，不仅要有丰富的产品知识，还要有得体的专业形象，让客户欣赏你；同时，你还应有优良的专业素质，对各种类型的客户都能应付自如，这样，你才达到了优秀保险人的基本要求。

应遵循的着装原则	029
应具备的职业礼仪	031
应遵守的职业道德	038
应展现的人格魅力	041
应提高的个人能力	044

047 第三章 客户开拓拜访技巧

开拓准客户是专业化推销环节中非常重要的一步，持续不断的客户开拓是帮助保险销售员事业稳定、健康发展的唯一方法。所以，保险销售员必须在客户开拓与拜访上花大力气。

积极寻找准客户	049
借助微信找客户	054
开拓团体准客户	057
准确评估准客户	059
筛选区分准客户	064
拜访前准备充分	066
电话约访准客户	070
陌生拜访准客户	073
制造再访的机会	076
寻找再访的借口	079

俗话说：好的开始是成功的一半。制作一份精彩的保险计划书，是成功签单的第一步。一份优秀的保险计划书可以使保险的成交率大大提高，同时使保险销售员开展工作达到事半功倍的作用。

083
第四章
保险计划书设计技巧

保险计划书的基本认识	085
保险计划书的分类标准	088
保险计划书的设计步骤	090
保险计划书的设计内容	093
保险计划书的讲解步骤	097
保险计划书的讲解技巧	099

由于保险销售的是无形商品，是一种对未来美好生活提前规划的理念，这就更需要保险销售员与客户做好沟通，只有这样才能打开客户的"心门"，赢得签单的机会。

103
第五章
客户沟通接洽技巧

观察客户购买意向	105
认真倾听客户意愿	108
正确提问获取信息	110
营造和谐交谈氛围	112
销售洽谈讲究技巧	116
产品介绍清晰明了	119
有效化解客户拒绝	124

127

第六章
客户异议处理技巧

顾客的异议或挑剔行为是一种本能的"反射"作用。保险销售员要尽量鼓励客户提出他们的异议，了解他们的真实想法，帮助他们解决心里的疑虑，纠正他们的偏见，使他们做出正确的判断。

辨别异议要分真假	129
了解异议要看类型	131
分析异议要找原因	138
对待异议要表态度	144
处理异议要讲方法	146
处理异议要按步骤	149
处理异议要讲策略	151

155

第七章
促成客户签单技巧

其实，在推销过程中，顾客虽有购买意向，但一般都犹豫不决，不愿意首先发出购买信号，这就需要保险销售员有勇气请客户签单，达到迅速成交的目的。

识别成交信号	157
保持成交心态	160
用对成交方法	162
创造成交环境	165
领会成交要点	167
避免促成禁忌	170
完善后期工作	172

成交后的售后服务已成为现代推销活动不可分割的一个环节。它既是对上一次推销活动的完善，又是对下一次推销活动的引导、启发和争取。所以，售后服务的意义已经被越来越重视。

熟记售后服务的类型	177
了解售后服务的方式	179
及时向客户递送保单	182
提供良好的保全服务	185
全方位附加值服务	187
妥善处理客户抱怨	190
加强客户资料管理	192
真诚服务留住客户	194

第八章
完善售后服务技巧

保险销售从入门到精通
从目标到业绩的高效销售技巧

0. 导读

如何成为一流销售人员

销售是一门学问，人人都会做销售，但不是谁都能真正做好销售。销售人员要掌握的不仅仅是向客户卖东西那么简单，而要明白为什么要卖给客户，怎样卖给客户？怎么有客户来买？可见，要想成为一名一流的销售人员，还要付出很多努力。

一、提升销售能力

销售能力究竟应该怎么提升？不管是销售人员本身还是销售管理人员，都应该思考这个问题。

很多人不得其法，眉毛胡子一把抓，只要看到和销售有关的内容，不管是否适合自身便东拼西凑，拿来就用。实在没有别的办法，就反复"打鸡血"，甚至试图通过体罚措施来提升销售能力的现象也屡见不鲜。

其实，提升销售能力应该有一个清晰的框架及路线图，才能做到科学高效、省时省力。

下图所示的就是销售能力模型。

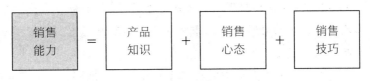

销售能力模型

1. 产品知识

产品是销售的前提和核心，完整、深入的产品知识才能让销售人员在面对和产品有关的问题时从容不迫。

俗话说"手里有粮，心里不慌"，讲的就是这个道理。

2. 销售心态

销售心态是决定销售是否成功的关键，积极的心态更容易让销售人员发现工作中的机会，乐观的销售人员随时会给人传播积极的能量。在与客户交流时也是这样，销售人员的乐观会带给客户愉快的消费体验，客户也更愿意跟你交流，你因此也会给客户留下深刻的印象。

3. 销售技巧

销售技巧是销售人员沟通时运用的一些方法，它应该建立在人性基础之上，同时也要符合客户的心理规律。

技巧是对知识的整合，它决定了销售的效率，具有重要的作用。销售技巧可以让销售过程"多、快、好、省"，可以充分发挥产品知识的价值，让沟通有结果。

二、改变销售思维

销售提供的是一个好的创业机会，用老板的思维来经营销售事业，成功胜率自然提升。

1. 有老板的格局——赢在自我规划

适逢梅雨季节，一位员工烦恼地说："这连续大雨不知道什么时候才会停？"

"为什么要担心？我最喜欢下雨天去拜访客户了。"老板好奇地问对方："下雨天，不正是拜访客户的好时机吗？平常说没空的客户，下雨天同样不想出门，这时就很可能有空，不是吗？"

可见，员工心态的销售人员常抱着"能早收工就不加班，能少干活就省点精力"的想法；而具有老板格局的销售人不管刮风下雨还是酷暑，习惯规划思考"还能做些什么？"清楚知道自己"接下来该做什么？"善于管理时间、规划活动行程以及调整自身的业务节奏。

当你将销售当事业，用老板的格局思维看待时，应该会觉得时间不够用才是。

2. 有老板的视野——不吝自我投资

生活中，常会有人说："等我赚到钱，收入稳定了，我再去学这个、进修那个、参加什么研习营……"

"赚到钱再谈自我投资"的思考模式有陷阱，毕竟投资不会立竿见影，需要花心力持续、累积时间慢慢发酵。就好比不是今天去健身房报了名，就会立刻长出六块肌；今天加入了社团发展人脉，也要和社员真心交流、搏感情，才能签单成交。

老板视野看的不只是今天，而是明天、明年甚至十几年后，所以他们不会将今天赚到的利润全放进口袋，而会拿出一部分钱投资未来。

有老板格局的销售人员，会将每个月赚的钱拨一部分作为投资，投资在人脉经营，不断丰富自己的人际关系；投资在自我成长，培养专业以外的兴趣；投资在专业技能，学习各种对销售专业有帮助的课程。老板在想的不是"有钱再去做"，而是"值得就该去做"。

3. 有老板的思维——不断自我检视

通过开会就能看出老板与员工之间的差别。老板开会的心态是为了盘点检讨，找对策、做修正，态度十分积极；而员工听到开会，就联想到又要被检讨、肯定没有好事，通常是消极以对。

常常也有销售人员抱怨："每次开会就是检讨业绩进度，检讨拜访活动量，还要申报业绩目标……烦不烦啊！"

事实上，一个优秀的团队不用等到开会，随时都会自我检视，盘点自身进度，检讨还有哪些不足。

老板与员工之间还有一个明显的差别。若是问老板，景气不好、竞争压力又大、生意好做吗？事业有成的老板会说："机会其实还是有的，只要我们提升实力，自然能增加竞争力……"相同的问题，员工则会说："对啊，景气不如以往、市场竞争很激烈，老板还要求做得更多……"可见，老板会寻求突破、精益求精，而员工往往是牢骚抱怨加借口。

因此，对于销售人员来说，想要业绩突出，应该拥有自己就是老板的思维，随时多一点自我检视，其实这也是在为自己打拼。

小提示

用工作的格局做销售，通常都是被动等待客户上门，看不见热情；而用创业的格局做销售，自然表现出主动积极，还想尽办法追求成长、深化市场经营，销售热力油然而生。所以想成为一流的销售人员，应先将格局高度提上来，把自己当老板。

三、成功推销自己

推销自己，是所有成功的销售人员必须具备的技能。把自己推销给别人，是你成功推销的第一步。

乔吉拉德做汽车销售时，许多人排很长的队也要买他卖的车，实际上他卖的车与别的汽车销售业务员卖的车一样，但人们宁愿等候多日，也要从他手里买车。为什么？当有人向吉拉德请教他的成功秘诀时，他这样回答："跟其他人一样，我并没有什么诀窍，我只是在销售世界上最好的产品，就是这样，我在销售乔·吉拉德。"

销售任何产品之前首先销售的是你自己，在销售过程中，假设客户不接受你，你还有机会向他介绍产品吗？要记住，一流的销售卖自己，二流的销售卖服务，三流的销售卖产品。

保险销售从入门到精通
从目标到业绩的高效销售技巧

第一章
应了解的专业知识

导言

俗话说得好,术业有专攻,对于保险销售员来说,最起码你得有过硬的专业知识,介绍起产品来头头是道,这样客户才能认可你的专业,才能打开销售的大门。

销售冠军成长记系列

本章导视图

应了解的专业知识

- **了解保险产品的特点**
  - 未寻觅性
  - 服务性
  - 期限性
  - 互助互济性
  - 损失补偿性

- **了解保险产品的分类**
  - 人身保险
  - 财产保险
  - 责任保险
  - 信用保证保险

- **了解保险产品的构成**
  - 保险责任
  - 保险费率
  - 保费交付方式
  - 保险期限
  - 保险赔款或保险金给付方式

- **了解常用的保险术语**
  - 基础术语
  - 保险产品术语
  - 投保和承保术语
  - 保险合同管理术语
  - 赔偿和给付术语

- **了解保险合同的常识**
  - 签订保险合同的条件
  - 保险合同的要素
  - 保险合同的内容
  - 保险合同的形式

了解保险产品的特点

【要而言之】▶▶▶

每一件商品都有其独特的特点，保险也不例外。作为销售保险的业务人员，必须了解你所销售的保险产品特点。

【详细解读】▶▶▶

保险产品的真正含义是满足消费者的保障与补偿的心理需要。与其他产品相比，保险产品具有如下特点。

一、未寻觅性

未寻觅品是指那些消费者不知道或即便知道也不会主动考虑购买的产品。保险产品在很大程度上与死亡、疾病、伤残等危害性事故相关联，很多人往往不会主动考虑或不愿意考虑购买保险产品，所以，保险产品在很大程度上属于未寻觅产品。

二、服务性

保险产品表面上看只是一份保险合同，保险人和投保人通过交纳保险金和签订合约形成某种契约。事实上，他们之间的关系在签订合同时才刚刚开始，保险人在接受了投保人的投保后，便开始了对投保人承担一切责任和服务。

> 保险产品不同于其他有形的、实物性的产品，它是一种服务性的产品，是一种建立在契约基础上的相互信任。

三、期限性

保险产品与储蓄一样都有明显的期限性,但两者有着明显的区别。储蓄在原则上可以由存款人随时无条件地提取,而保险产品所支付的保险费原则上不可以由个人自由提取。保险产品的期限一般都在一年以上,也可能是几年甚至几十年,如人寿保险。

四、互助互济性

保险产品是由许多人共同参加,通过交付保险费建立保险基金,帮助解决少数人因遭受灾害和意外事故后产生的困难。所有参加保险的人,既可能是接受别人帮助的人,也可能是帮助别人的人。保险产品是一种通过聚集社会上的闲散资金,实现互助互济的产品。

五、损失补偿性

损失补偿性是保险产品与其他产品的根本区别,保险产品能够在被保险人发生合同范围内的损失时,按合同规定支付一定的经济补偿。一般保险合同所承担的保险责任,都能保证被保险人在遭受保险事故后,得以恢复正常生活。因此,保险产品是一种避害性产品。

了解保险产品的分类

【要而言之】

保险是以契约的形式确立投保人和保险人双方的经济关系,以缴纳保费建立起来的保险基金,对保险合同规定范围内的灾害事故所造成的损失,进行经济补偿或给付的一种经济形式。

【详细解读】

优秀的保险产品是满足人们减少风险和转移风险需求,必要时能得到一定的经济补偿所需要的承诺性组合。保险产品按照保险标的可划分为以下四种类型。

一、人身保险

人身保险是以人的身体或生命为保险标的,以生存、年老、伤残、疾病、死亡等人身危险为保险事故,如被保险人在保险期间发生保险合同范围内的保险事故,保险人依照保险合同的相关条款,向被保险人或受益人支付保险金。

二、财产保险

财产保险是以财产或相关利益为保险标的的保险。投保人按照合同的约定向保险人支付保险费后,保险人向投保人承担自然灾害或意外事故导致损失的经济赔偿责任。财产保险又分为广义的财产保险和狭义的财产保险,如下图所示。

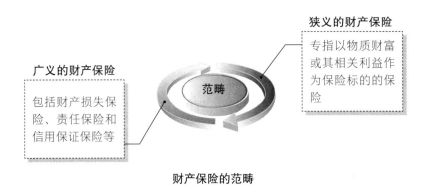

财产保险的范畴

三、责任保险

责任保险是被保险人对第三者依法应承担的损害赔偿责任为保险标的的保险。投保人为避免因事故发生而造成的任何风险必须赔付时，与保险公司订立保险合同，由保险人代为赔偿责任损失的一类保险。

责任保险承保具体内容是：法人或者自然人，在进行业务活动或日常生活中可能因疏忽、过失等行为致使他人遭受损害，并因此负有民事赔偿责任，从而造成自身经济上的损失。

四、信用保证保险

信用保证保险是以信用风险作为保险标的的保险，以被保险人的信用风险为保险事故，即被保险人的信用风险致使被保险人遭受的经济损失，保险人按照合同约定，在被保险人不能履约赔偿的情况下承担赔偿责任的一种保险。

第一章
应了解的专业知识

了解保险产品的构成

【要而言之】▶▶▶

作为保险销售员必须准确了解保险产品构成要素，以全面向客户介绍产品和准确信息。保险产品的构成要素一般包括保险责任、保险费率、保费交付方式、保险期限、保险赔款或保险金给付方式。

【详细解读】▶▶▶

一、保险责任

保险责任是指保险人所承担责任的风险范围，即保险产品中约定的风险发生后，保险人承担赔偿或者给付保险金的责任。在保险责任中还包括除外责任，即保险人不负赔偿或者给付保险金的责任。

二、保险费率

保险费是投保人向保险人交纳的费用，作为保险人承担保险责任的报酬。保险费率是指保险金额中保险人应收取的保险费。在保险实务中，通常保险费率是以千分数来表示的。

保险费率是依据保险标的风险程度、损失概率、保险责任范围、保险期限和保险人的经营管理费用等因素来综合考虑并确定的。

三、保费交付方式

保险费交付可分为一次交纳和分期交纳两种方式，在合同成立时投保人一次交清为趸缴。

四、保险期限

保险期限是保险责任开始到终止的有效期间，也就是保险人对保险标的承担保险责任的时间范围。保险期限是保险产品的重要内容，也是确定保险事故的重要依据。通常人寿保险产品的保险期限较长，财产保险产品的保险期限较短，一般为一年。在投保过程中，如果保险人允许续保，投保人可在前一张保单期满后继续交纳保险费，并规定续保期限。

五、保险赔款或保险金给付方式

保险人在保险有效期内发生保险责任范围内的损失或事件时，要按照合同的约定向被保险人或受益人支付保险赔款或保险金。领取保险赔款或保险金的方式主要区别在于财产保险与人寿保险的领取上。财产保险可以一次性领取保险赔款。

保险的意义，只是今日做明日的准备，生时做死时的准备，父母做儿女的准备，儿女幼小时做儿女长大时准备，如此而已。

——胡适（中国近代思想家、文学家、哲学家）

第一章
应了解的专业知识

了解常用的保险术语

作为保险销售员,对于保险术语的使用,一定要熟练准确掌握。这是一项必备的基础素质,以免由于失误带来一些不必要的麻烦。

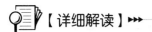

一、基础术语

基础术语,包含保险产品定义、销售、承保、理赔等销售及服务环节常用的术语。常用的保险基础术语如下表所示。

常用的保险基础术语

序号	术语	术语解释
1	保险	投保人根据合同约定,向保险支付保险费,保险人对于合同约定的可能发生的事故因其发生所造成的财产损失承担赔偿保险责任,或者当被保险人死亡、伤残、病病或者达到合同约定的年龄、期限等条件时承担给付保险金责任的商业保险行为
2	财产保险	以财产及其有关利益为保险标的的保险。财产保险包括财产损失保险、责任保险、信用保险、保证保险等
3	人身保险	以人的寿命和身体为保险标的的保险。人身保险包括人寿保险、健康保险、意外伤害保险、年金保险等
4	保险人	与投保人订立保险合同,并按照合同约定承担赔偿或者给付保险金责任的保险公司

续表

序号	术语	术语解释
5	投保人	与保险人订立保险合同,并按照保险合同负有支付保险费义务的人
6	被保险人	其财产或者人身受保险合同保障,享有保险金请求权的人。投保人可以为被保险人
7	受益人	人身保险合同中由被保险人或者投保人指定的享有保险金请求权的人
8	保单持有人	依法享有保单利润请求权的保险合同当事人,包括投保人、被保险人或者受益人
9	保险经纪人	基于投保人的利润,为投保人与保险人订立保险合同提供中介服务,并依法收取佣金的机构
10	保险代理人	根据保险公司的委托,向保险公司收取代理佣金,并在保险公司授权的范围内代为办理保险业务的机构或个人
11	保险销售从业人员	为保险公司销售保险产品的人员,包括保险公司的保险销售员和保险代理机构的保险销售员
12	投保	机构或个人购买保险产品的过程
13	承保	保险人接受投保人的投保申请,并与投保人订立保险合同的过程
14	主险	也称基本险,可单独投保的保险产品
15	附加险	附加于主险或基本险的保险产品。附加险不可单独投保
16	保险合同	投保人与保险人约定保险权利义务关系的协议
17	保险标的	作为保险对象的财产及其有关利益或者人的寿命和身体
18	保险期间	保险责任的起讫期间。在此期间内保险人对发生的保险事故承担保险赔付义务
19	保险责任	保险合同中约定的保险人向被保险人提供保险保障的范围
20	责任免除	保险合同中约定的,保险人不承担或者限制承担的责任范围
21	保险金额	也称保额,是指保险人承担赔偿或者给付保险金责任的最高限额

第一章 应了解的专业知识

续表

序号	术语	术语解释
22	保险费率	应交纳保险费与保险金额的比率
23	保险费	也称保费,指投保人按附带险合同约定向保险人支付的费用
24	保险金	保险事故发生后,保险人根据保险合同的约定的方式、数额或标准,向被保险人或受益人赔偿或给付的金额
25	免赔额	保险合同中约定的,保险人不负赔偿责任的、由被保险人自行承担损失的数额

二、保险产品术语

保险产品是保险公司为市场提供的有形产品和无形服务的综合体。常见的保险产品术语如下表所示。

常用的保险产品术语

序号	术语	术语解释
1	企业财产保险	以机构或团体所有、占有或负有保管义务的位于指定地点的财产及其有关利润为保险标的的财产保险
2	家庭财产保险	以个人所有、占有或负有保管义务的位于指定地点的财产及其有关利润为保险标的的财产保险
3	营业中断保险	以被保险人因停产、停业或经营受影响而面临的预期利润的损失及必要的费用支出为保险标的的财产保险
4	机器损坏保险	以各类已安装完毕并投入运行的机器及其附属设备为保险标的的财产保险
5	虚拟财产保险	以电磁记录为存在形态的具有使用价值和价值的虚拟物品的损失风险的保险
6	人寿保险	以人的寿命为保险标的的人身保险,包括定期寿险、终身寿险、两全保险等
7	定期寿险	以被保险人死亡为给付保险金条件,且保险期间为固定年限的人寿保险
8	终身寿险	以被保险人残废为给付保险金条件,且保险期限为终身的人寿保险

续表

序号	术语	术语解释
9	两全保险	既包含以被保险人死亡为给付保险金条件,又包含以被保险人生存为给付保险金条件的人寿保险
10	分红保险	保险公司将其实际经营成果优于评估假设的盈余部分,按一定比例向保单持有人进行分配的人身保险
11	万能保险	具有保险保障功能并设立单独保单账户,且保单账户价值提供最低收益保证的人身保险
12	投资联结保险	具有保险保障功能并至少在一个投资账户拥有一定资产价值,而不保证最低收益的人身保险
13	年金保险	以被保险人生存为给付保险金条件,并按约定的时间间隔分期给付生存保险金的人身保险
14	意外伤害保险	以被保险人因意外事故而导致身故、残病或者发生保险合同约定的其他事故为给付保险金条件的人身保险
15	健康保险	以因健康原因导致损失为给付保险金条件的人身保险,包括疾病保险、医疗保险、失能收入损失保险、护理保险等
16	疾病保险	以保险合同约定的病症发生为给付保险金条件的健康保险
17	医疗保险	以保险合同约定的医疗行为发生为给付保险金条件,按约定对保险人接受诊疗期间的医疗费用支出提供保障的健康保险

三、投保和承保术语

投保和承保术语,包括投保、核保、确定保额、计算保费以及最终承保用到的术语。常用的投保和承保术语如下表所示。

常用的投保和承保术语

序号	术语	术语解释
1	连带被保险人	保险合同中约定的、受保险合同保障的、处于从属地位的被保险人
2	告知	投保人在订立保险合同时将与保险标的或被保险人有关的重要事实以口头或书面的形式向保险人进行陈述的行为
3	投保单	投保人为订立保险合同而向保险人提出要约的书面申请

续表

序号	术语	术语解释
4	保险建议书	说明保险产品的主要特征、相关服务和价格的文件
5	核保	保险人在掌握保险标的的重要事实的基础上，对风险进行评估与分类，进而决定是否承保、以何种条件承保的过程
6	可保风险	适合运用保险的方式来管理或转移的一类风险 注：一般须具备损失事件为随机发生、损失原因可判别、损失程度可计算、能够收取充足的保险费等基本特点
7	逆选择	投保人所做的不利于保险人的选择
8	核保指南	由保险公司制定、核保人依此对投保标的进行分析以做出接受、有条件接受或拒绝该投保项目决定的一整套作业规则
9	核保权限	一个核保人可不经过更高一级核保人批准即可做出核保决定的业务范围
10	寿险核保	保险人对投保和被保险人的身体状况、职业、经济能力和投保动机等因素进行危险程度评价的核保过程
11	体检	由与保险人签约或保险人认可的医疗机构或医疗从业者对被保险人身体健康状况进行检查的行为
12	健康	被保险人身体上、精神上和社会上的完满状态，而不只是没有疾病或虚弱的状态
13	健康风险评估	对个体未来发生某种特定病症或因为某种特定疾病导致死亡的可能性的估计
14	赔偿限额	保险合同中约定的，当保险事故发生后，保险人所承担的赔偿金额上限
15	累计赔偿限额	保险合同约定的，保险人在整个保险期限内对所有保险事故引起的损失所承担的赔偿金额上限
16	免赔率	保险合同中约定的，免赔金额与被保险人遭受的损失金额的比率
17	责任限额	在责任保险中，保险人承担赔偿或者给付保险金责任的最高限额
18	基本保险金额	保险合同条款费率表中载明的单位保额
19	累计最高给付天数	在保险合同中约定的，保险人对被保险人单次住院给付保险金的最多天数，或每一保单年度的最多给付天数

续表

序号	术语	术语解释
20	等待期	从保险合同生效日或最后一次复数日开始,至保险人具有保险金赔偿或给付责任之日的一段时间
21	生存期	在重大疾病保险中,从被保险人被确诊患重大疾病当天开始,至其具有重大疾病保险金给付请求权之日的一段时间
22	交费方式	保险合同中约定的交纳保费的周期,包括趸交、月交、季交、半年交、年交、不定期交费等
23	趸交保费	投保人按保险合同约定一次性交清的保险费
24	期交保费	投保人按保险合同约定分次交纳的保险费
25	不定期交费	在保险合同中,不限定投保人具体交费日期的交费方式
26	发现期	期内发生式责任保险中,保险合同当事人在保险合同中约定的从保险责任终止日往后延续的一段时间。保险人对此期间报告的但发生在保险期限内的致害事件承担责任
27	宽限期	保险人对投保人未按时交纳续期保费所给予的宽限时间
28	保费豁免	在保险合同约定的特定事项发生后,保险人不再向投保人收取以后的保险费,而保险合同继续有效的行为
29	标准承保	保险人对于属于标准风险类别的保险标的按照标准费率承保的行为
30	拒保	保险人拒绝接受投保人投保申请的行为
31	延期	保险人对投保人的投保申请暂不予承保的行为

四、保险合同管理术语

保险合同管理术语,包括各类保险合同、保险合同的要素、合同的文本、合同管理中用到的专业术语。常见的保险合同管理术语如下表所示。

常见的保险合同管理术语

序号	术语	术语解释
1	单一危险保险合同	保险人只对某一种危险造成的损失承担保险责任的保险合同
2	多种危险保险合同	保险人对多种危险造成的损失承担保险责任的保险合同

第一章
应了解的专业知识

续表

序号	术语	术语解释
3	特定危险保险合同	保险人对特定的某一种或者多种危险造成的损失承担保险责任的保险保同
4	一切险保险合同	在保险人可承保风险的范围内,承担列明的责任免除（除外责任）之外所有可承保风险造成的损失,而没有约定可承保风险具体名称的一种保险合同 注：一切险并非是无限承担责任免除条款之外的所有风险,"一切险"仅是一个保险产品的形象名称
5	总括保险合同	保险人对一定标准所限定范围内的、泛指的而不是特定的某种保险利润或保险标的的损失承担保险责任的保险合同
6	长期保险合同	保险期限超过1年的保险合同
7	短期保险合同	保险期限在1年及1年以内的保险合同
8	财产保险合同	以财产及其有关利润作为保险标的的保险合同
9	人身保险合同	以人的寿命和身体为保险标的的保险合同
10	保险单（保单）	保险合同成立后,保险人向投保人签发的保险合同的正式书面凭证
11	电子保单	保险合同成立后,保险人以电子载体向投保人签发的保险合同的凭证
12	保险合同成立	投保人提出保险要求,经保险人同意承保,并就合同内容达成一致的行为
13	出单	保险人向投保人出具保单,表示保险合同成立的行为
14	保险合同生效	依法成立的保险合同,根据法律规定或合同约定在保险合同当事人之间产生法律约束力
15	保险合同失效	生效后的保险合同因某种原因而失去其法律约束力
16	犹豫期	投保人收到保险合同并书面签收后仍然拥有撤销保险合同权利的一段时间
17	保险合同变更	在保险期限内,保险合同当事人依照法律规定的条件和程序,在协商一致的基础上,对保险合同进行修改的行为

续表

序号	术语	术语解释
18	退保	在保险期限内，投保人向保险人要求解除保险合同的行为。退保后，保险合同随之终止
19	保险合同终止	因某种法定或合同约定事由的出现导致保险合同当事人的权利和义务关系的结束
20	保险合同解除	在保险期限内，保险当事人双方协商，或根据法律规定，或根据保险合同的约定行使解除权，使保险合同终止的行为
21	保单期满	保险合同约定的合同期限届满。保险人不再为此后发生的保险事故承担保险责任
22	续保	在保单期满前，投保人和保险人双方约定以原合同承保条件或以一定附加条件继续承保的行为
23	保证续保	在保单期满前，只要投保人提出续保申请，保险人必须按照约定费率和原条款继续承保
24	加保	在保险期限内，经投保人申请并提供可保证明，保险人同意增加保险金额的行为
25	减保	在保险期限内，经投保人申请，保险人同意降低保险金额，并退还部分保险费的行为
26	现金价值	根据保险合同的约定，保单累积的实际价值
27	红利	保险公司根据实际经营成果优于评估假设的可分配盈余的一定比例向保单持有人分配的数额

名人名言

人寿保险是唯一的经济工具，能够保证在未来一个不可知的日子，有一笔可知的钱。如果我办得到，我一定要把保险这个字写在家家户户的门上，以及每一位公务员的手册上，因为我深信，通过保险，每个家庭只要付出微不足道的代价，就可免遭万劫不复的灾难。

——丘吉尔（英国前首相）

五、赔偿和给付术语

赔偿和给付术语,包括各类保险事故、偿付请求、救助、核赔、赔偿和给付、代位追偿中用到的专业术语。

常见的赔偿和给付术语如下表所示。

常见的赔偿和给付术语

序号	术语	术语解释
1	保险事故	保险合同约定的保险责任范围内的事故
2	意外事件	在财产保险中,指不可预料的以及被保险人无法控制并造成物质损失的突发生性事件 在人身保险中,指外来的、突发的、不可预见的、非本意的和非疾病的导致被保险人身体受到伤害的客观事件
3	出险	保险期限内保险事故的发生
4	意外伤害	意外事件导致的被保险人的身体伤害
5	意外身故	意外事件导致的被保险人的死亡
6	意外残疾	意外事件导致的被保险人的人体器官缺损或机能丧失
7	意外烧伤	因遭受火、沸水、蒸汽、化学品等化学或物理物质的意外侵害导致的被保险人受伤
8	自我伤害	被保险人主动造成的,或被保险人明知或可预知风险可能发生而不进行规避,导致自身肢体伤害或机能损伤的行为
9	疾病	在一定的致病因素作用下,人体各系统、器官、组织、细胞以及分子结构功能和代谢的病理变化,表现出相应的症状和体征,影响健康和劳动能力
10	职业病	由于被保险人在受雇期间暴露于不良的或有危险的工作环境下而引起疾病
11	疾病身故	疾病导致的被保险人的生命终止
12	疾病全残	疾病导致的被保险人的完全残疾
13	报案	投保人、被保险人或者受益人将保险事故通知保险人的行为

续表

序号	术语	术语解释
14	立案	保险人受理索赔或给付请求并正式开始核赔的行为
15	索赔	保险事故发生后，被保险人或受益人依照保险合同约定向保险人请求赔偿保险金的行为
16	快速理赔	保险人认为保险事故造成的损失轻微，预计赔付的保险金金额在一定范围内，索赔材料齐全且保险责任认定明确的理赔案件
17	核赔	被保险人或受益人提出索赔或给付请求后，保险人对索赔材料进行认定、审核、调查，做出赔付或拒赔决定的过程
18	定损	确定保险标的实际损失的过程
19	理赔	被保险人或受益人提出索赔或给付请求后，保险人搜集索赔材料并对材料进行认定、审核、调查，做出赔付或拒赔决定的过程
20	赔付	保险人向被保险人或受益人赔偿或者给付保险金的行为
21	拒赔	保险人对不属于保险责任的索赔或给付请求做出的拒绝赔偿或拒绝给付的决定
22	给付	人身保险合同中，保险人向被保险人或受益人给付保险金的行为

小提示

2018年9月17日，中国保险行业首个国家标准《保险术语》（GB/T 36687—2018）发布，并于2019年4月1日正式实施。该标准共收纳817项保险专业术语，既包含面向业内人士的专业术语，也包含面向消费者的一般术语，是保险行业内部沟通和外部交流的规范性、通用性语言，是保险业各类标准的基础标准。

了解保险合同的常识

【要而言之】▶▶▶

作为一名保险销售员,与客户签订保险合同是关键的一步,关系着客户的切身利益,也影响着公司和自己,所以必须清楚了解保险合同的相关信息。

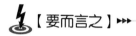【详细解读】▶▶▶

一、签订保险合同的条件

保险合同是保险关系双方当事人之间订立的、在法律上具有约束力的一种协议,是平等主体即保险人与投保人之间设立的、为保障经济目的的协议。

保险合同作为一种经济合同,签订时,依据法律规定必须具备下图所示的条件。

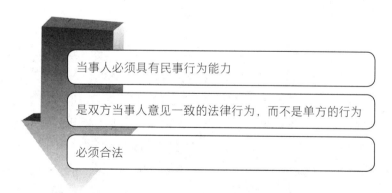

签订保险合同的条件

二、保险合同的要素

保险合同的要素包括以下内容。

1. 保险合同当事人

保险合同当事人是指保险合同中的保险人和投保人。

2. 保险合同关系人

保险合同关系人是指保险合同当事人之外的对于保险合同约定的利益享有独立请求权的人，包括被保险人和受益人。

3. 保险合同主体

保险合同的主体是保险合同的参加者，是在保险合同中享有权利并承担相应义务的人。保险合同的主体包括保险合同的当事人及其关系人。

4. 保险合同客体

客体是指在民事法律关系中主体享受权利和履行义务时共同指向的对象。客体在一般合同中称为标的，即物、行为、智力成果等。保险合同虽属民事法律关系范畴，但它的客体不是保险标的本身，而是投保人或被保险人在保险标的上所具有的法律上承认的保险利益。

5. 保险合同条款

保险合同条款是保险合同中约定双方权利义务及其他有关事项的条款。按照保险条款的性质不同，可将其分为保险合同基本条款和保险合同附加条款两大类。

（1）保险合同基本条款是指依法在保险合同中必须列入的条款。

（2）保险合同附加条款是指在保险合同基本条款的基础上由保险合同当事人另行约定的条款。

三、保险合同的内容

保险合同应当包括下列事项。

（1）保险人的名称和住所。

（2）投保人、被保险人的姓名或者名称、住所，以及人身保险的受益人的姓名或者名称、住所。

（3）保险标的。

（4）保险责任和责任免除。

（5）保险期间和保险责任开始时间。

（6）保险金额。

（7）保险费以及支付办法。

（8）保险金赔偿或者给付办法。

（9）违约责任和争议处理。

（10）订立合同的年、月、日。

四、保险合同的形式

保险合同的形式是指保险当事人双方合意的表现形式，是保险合同内容的外部表现，即保险合同内容的载体。由于保险合同在实践中已被广泛运用，故保险合同多表现为书面形式，且已实现格式化。

保险合同的书面形式主要有以下几类。

1. 投保单

投保单，又称投保书、要保书、要保单，是投保人向保险人提出的，订立保险合同的书面要约。投保单一般是由保险人准备的统一格式的书据，一般载有保险合同的必要条款，由投保人依其所列事项逐项填写。投保单本身不是保险合同的书面形式，而是投保人向保险人提出保险要约的书面形式，但一经保险人接受后，即构成保险合同的组成部分，是保险合同成立的重要凭证。

2. 保险单

保险单，简称保单，是投保人与保险人订立保险合同的正式凭证。保险单必须明确完整地记载保险双方的权利义务内容，它是保险合同双方当事人履行合同的依据。一般而言，保险单多属格式化，由保险人制作、签章，并由保险人或其代理人交付给投保人。

3. 暂保单

暂保单,又称为临时保单,是指保险人或其代理人同意承保风险而不能立即出具保险单或其他保险凭证时,临时向投保人签发的保险凭证。暂保单的内容比较简单、期限一般比较短。在暂保单签发后,直至保险单做成交付投保人之前,暂保单与保险单具有同等的法律效力。

4. 保险凭证

保险凭证,又称为小保单,也是保险合同的一种书面证明。与保险单相比,保险凭证在内容和格式方面较为简化,它只记载投保人和保险人约定的主要内容,实际上是简化了的保险单,与保险单具有同等的法律效力。

新的时代需要用超前的意识来规划我们的人生,让我们享受现代人的生活方式,让我们分享保险带给我们的福音!

——金爱丽(新华保险功勋行销总监)

保险销售从入门到精通
从目标到业绩的高效销售技巧

第二章
应具备的职业素质

导言

　　对于保险销售员来说，不仅要有丰富的产品知识，还要有得体的专业形象，让客户欣赏你；同时，你还应有优良的专业素质，对各种类型的客户都能应付自如，这样，你才达到了优秀保险人的基本要求。

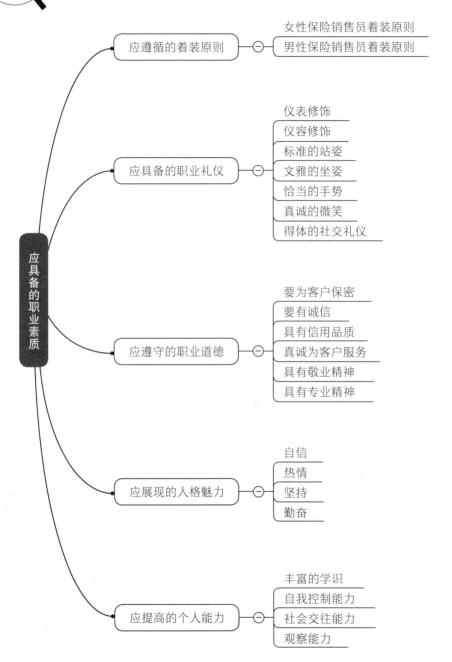

第二章
应具备的职业素质

应遵循的着装原则

【要而言之】▶▶▶

着装可以体现一个人的品位，也给客户留下第一印象。因此，要想成功地展开工作，必须遵循一定的着装原则。

【详细解读】▶▶▶

一、女性保险销售员着装原则

女性保险销售员的着装没有固定式，有很大的选择空间，但应注意下图所示的问题。

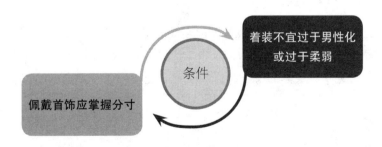

女性保险销售员着装原则

1. 佩戴首饰应掌握分寸

首饰可以起到装饰美化作用，但在佩戴时，不宜戴得过多、过于华丽，否则会引起他人的反感和嫉妒。

小提示: 女性保险销售员佩戴的首饰应质地精良、设计简约;以少为佳,符合规范。

2. 着装不宜过于男性化或过于柔弱

着装过于男性化的女性保险销售员容易显得严肃和刚强,可能会让客户望而却步。同时,女性保险销售员的着装风格也不宜显得过于柔弱,那样会有可能降低客户的信任感。

二、男性保险销售员着装原则

1. 西装的穿着

男性保险销售员最正统的服装是西装,但穿西装要得体,才能显出良好的风度。

2. 约见女客户时的穿着

当要去约见女性客户时,服装就显得更重要。因为异性的眼光总是最挑剔的,同时异性之间推销也更容易成功。

比如,约见中年成熟的女性时,服装就应稳重一点,颜色略偏深色为宜。

应具备的职业礼仪

【要而言之】

对每个人而言,形象就是自己的名片,一套搭配得当的服装加上文雅的举止往往能够给人以美好的第一印象,从而为以后更深入的交往打下基础。特别是保险销售员,需要不断约见客户,更应该注重仪表和形象。

【详细解读】

一、仪表修饰

仪表是指一个人的外貌、外表,是人的外在特征和内在素质的有机统一,即人的容貌、服饰打扮、言谈举止、卫生习惯等因素构成的外在特征。保险销售员的仪表修饰要恰如其分、自然大方,应做到下图所示的几点。

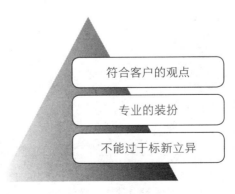

保险销售员仪表修饰要求

1. 符合客户的观点

成功的保险销售员总能在了解到客户的心理特点之后,改变自己的形象,迎合客户的心理,使自己的形象为客户所接受。

2. 专业的装扮

要求保险销售员装扮整洁,着装能体现自己的职业特点,如男士应穿西装、打领带,女士应穿职业装,给人以专业可信的形象。

3. 不能过于标新立异

保险销售员在与客户见面时不应穿奇装异服,必须用良好的着装去满足客户视觉上和心理上的要求,以合适的着装显示出保险销售员的身份,过于标新立异的着装只会让人敬而远之。

二、仪容修饰

外在的容貌虽不能决定一个人的成败,但却对其有很大影响。我们虽不能改变自己的容貌,但可以通过修饰和打扮适当改变,塑造良好的外在形象。

保险销售员经常要与各种各样的人交往,得体的穿着和必要的修饰是对客户尊重的一种体现。如果一个衣衫不整、邋里邋遢的保险销售员来推销保险,即使他的水平再高、能力再强,也会给人留下不好的印象。

保险销售员仪容修饰的要领有三点,如下图所示。

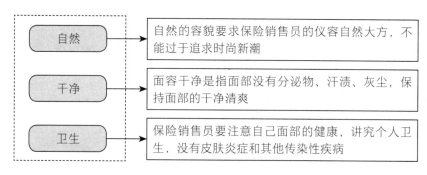

保险销售员仪容修饰的要领

三、标准的站姿

在交际中,站立姿势是每个人全部仪态的核心。如果站姿不够标准,其他姿势便根本谈不上什么优美。标准站姿的动作要领如下。

(1)身体舒展直立,重心线穿过脊柱,落在两腿中间,足弓稍偏前处,并尽量上提。

(2)精神饱满,面带微笑,双目平视,目光柔和有神,自然亲切。

(3)脖子伸直,头向上顶,下颚略回收。

(4)挺胸收腹,略为收臀。

(5)双肩后张下沉,两臂于裤缝两侧自然下垂,手指自然弯曲,或双手轻松自然地在体前交叉相握。

(6)两腿肌肉收紧直立,膝部放松。女性站立时,脚跟相靠,脚尖分开约45度,呈"V"形;男性站立时,双脚可略为分开,但不能超过肩宽。

(7)站累时,脚可向后撤半步,身体重心移至后脚,但上体必须保持正直。

站立时,既要遵守规范,又要避免僵硬,所以站立时要注意肌肉张弛的协调性。另外,要以基本站姿为基础,善于适时地变换姿态,追求动态美。同时,站立时要面带微笑,使规范的站立姿态与微笑相结合。

四、文雅的坐姿

坐姿是一种可以维持较长时间的工作劳动姿势,也是一种主要的休息姿势,更是人们在社交、娱乐中的主要身体姿势。良好的坐姿不仅有利于健康,而且能塑造沉着、稳重、文雅、端庄的个人形象。

标准坐姿要领如下。

(1)精神饱满,表情自然,目光平视前方或注视交谈对象。

(2)身体端正舒展,重心垂直向下或稍向前倾,腰背挺直,臀部占坐椅面的2/3。

(3)双膝并拢或微微分开,双脚并齐。

(4)两手可自然放于腿上或椅子的扶手上。

五、恰当的手势

手势是人际交往时不可缺少的动作，是最有表现力的"体态语言"。它可以加重语气，增强感染力。手势能辅助表情达意，又可以展示个性风度，在"体语"大本营中，它是一个引人注目的"角色"。使用手势的要求如下图所示。

使用手势的要求

1. 使用要准确

在人际交往中，人们经常用手势传递各种信息和情感，为避免和克服手势运用的混乱与理解的歧义，使对方能够明晰、准确、完整地理解自己的用意，应尽量准确使用手势。要用大家都明白的手势表达意思，使手势同口语表达的意思一致。

2. 使用要规范、合乎惯例

比如介绍的手势、指示方向的手势、请的手势、鼓掌的手势等，都有其约定俗成的动作和要求，不能乱加使用，以免产生误解，引起麻烦。

3. 使用要适度

手势语在交际中的作用显而易见，但并非多多益善；相反，在使用时应有所节制，如果使用太多或滥用手势，会让人产生反感。尤其是手势与口语、面部表情等不协调时，会给人一种装腔作势的感觉。

小提示：在社交活动中，手势运用得自然、大方、得体，可使人感到既寓意明晰又含蓄高雅。能够恰当地运用手势表情达意，会为交际形象增辉。

六、真诚的微笑

微笑的美在于文雅、适度，亲切自然，符合礼仪规范。微笑要诚恳和发自内心，做到"诚于中而形于外"，切不可故作笑颜，假意奉承。

一般来说，微笑礼仪应做到"四要"，具体如下图所示。

一要	要口眼鼻眉肌结合，做到真笑。发自内心的微笑，会自然调动人的五官，使眼睛略眯、眉毛上扬、鼻翼张开、脸肌收拢、嘴角上翘
二要	要神情结合，显出气质。笑的时候要精神饱满、神采奕奕、亲切甜美
三要	要声情并茂，相辅相成。只有声情并茂，你的热情、诚意才能为人理解，并起到锦上添花的效果
四要	要与仪表举止的美和谐一致，从外表上形成完美统一的效果

微笑的"四要"

七、得体的社交礼仪

作为保险销售员，每天会和不同的人打交道，处理各种事务，精通各种礼仪可为成功的交往打下良好的基础。

1. 打招呼的礼仪

业务员见到客户的第一件事就是向客户打招呼。与客户打招呼要注意什么呢？打招呼时，要根据客户的身份、年龄等特征，使用不同的称呼；在向客户打招呼时，必须注意和客户在一起的其他人员，必须也一一问候。因为这些人往往是客户的亲属、朋友、同学或同事，这样较容易给客户留下一个良好的印象。

2. 握手礼仪

保险销售员在推销活动中，为了增进与客户间的友谊，必然要经常拜访客户，在与客户见面时，与之握手是必不可少的礼节之一。在与客户握手时也有一定的讲究，具体如下图所示。

1. 一般情况下，主动和客户握手，表示友好、感激和尊重
2. 握手时出手快常表示握手出自真诚、友好，乐意并重视发展双方的关系
3. 握手时脸的朝向一般为面对面对视，身体的弯度依对方的条件而定
4. 握手的力度指用力的大小，常表示感情的深浅程度
5. 与对方握手一般应走到对方的面前，彼此间的距离必须合适
6. 握手的时间一般以3～6秒为宜，关系密切时可稍长一些
7. 握手时，面部表情应为发自内心的喜悦和表达真诚的笑容

握手的礼仪

3. 名片礼仪

业务员在呈递名片或接受客户的名片时应注意以下几点。

（1）呈递名片时要身体前倾，头略低，双手将名片送到客户的手中。

（2）呈递同时要大声报出自己的名字，这可能使客户的设防心理降低。

（3）客户回赠名片时同样要双手接回名片，并同时将名片大声朗读一遍，这是对客户应有的尊重和礼貌。

（4）读完名片后要将名片小心地放在名片夹里，千万不可拿在手中玩弄，也不可将它放置于下身裤兜里，更不可让名片遗失在桌子或地上。

4. 喝茶礼仪

喝茶是中国人的传统习惯。如果客户端出茶来招待，业务员应该起身或双手接过茶杯，并说声"谢谢"。喝茶时不应狂饮，或出声，或品评。

5. 吸烟礼仪

在推销过程中，业务员尽量不要吸烟。如果知道客户会吸烟，业务员应注意

第二章
应具备的职业素质

吸烟方面的礼节。

（1）接近客户时，可以先递上一支烟。

（2）如果客户先拿出烟来招待业务员，业务员应赶快取出自己的香烟递给客户。如果来不及递烟，应起身双手接烟，并致谢。不吸烟的可婉言谢绝。

（3）应注意吸烟的烟灰要抖在烟灰缸里，不可乱扔烟头，乱抖烟灰。

（4）当正式面谈开始时，应立即灭掉香烟，倾听客户讲话。

（5）如果客户不吸烟，业务员不要当客户的面吸烟。

6. 送礼品礼仪

业务员赠送礼品给客户的目的是表达祝贺、慰问、感谢等心意，在礼物挑选上应以物美价廉，并具有一定的纪念意义或者是具有公司特色的礼品为主。此外，赠送礼品还要考虑时间与场合、客户的习惯与禁忌。

小提示

保险销售员要想成功推销保险产品，首先要成功推销自己，而推销自己的关键是要懂得推销礼仪。

名人名言

我一直是人寿保险的信仰者……即使一个人再穷也可以用寿险来建立一份资产。当他有了这份资产，他才感到真正的满足，因为，他知道假如有任何事发生，他的家庭仍可受到保障。

——杜鲁门（美国前总统）

应遵守的职业道德

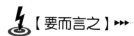

对于保险销售员来说,遵守职业道德至关重要。在保险销售活动中,给予客户的不仅是一份合同,更是一种承诺,这更加要求保险销售员必须遵守职业道德。

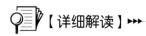

一、要为客户保密

保险业里是投保自愿,同时要为客户保密。保险销售员连接着保险公司和投保人,因此,必须获得双方当事人的信赖。保险销售员在接受保险公司和投保人的委托后忠实地保守委托人的秘密,从而获得委托人的信赖。

在现实的保险推销活动中,体现保险销售员职业道德的一项重要内容就是为客户保守秘密,原因如下。

(1)在对客户进行初步核保的过程中,保险销售员详细掌握了客户的收入状况、身体状况、信誉状况等许多个人隐私。因此,保险销售员有义务为客户保密。

(2)在涉及保险标的、保险金额、人寿保险最高给付额和受益人等直接关系到投保人、被保险人及其受益人的切身利益等问题时,应为客户保守秘密,这也是《保险法》及一般商业行为要求保险销售员必须遵守的准则。

二、要有诚信

诚信是保险业的"铁的法则",对于保险销售员而言,诚实也是成为优秀保险销售员最起码的要求。

保险销售员对保户的诚信包括下图所示的内容。

- 如实向保户介绍所在保险公司的情况和自身的情况
- 如实向保户介绍公司各个险种，帮助保户客观评估其保险需求
- 清楚全面地给保户讲述保单的构成与填写要求
- 帮助保户全面了解他在投保后所享有的权利和要承担的义务
- 如果保户要求，则客观地比较各家公司相类似的险种情况
- 准确收取保户的保险费等

保险销售员对保户的诚信表现

三、具有信用品质

优秀的保险销售员所必备的另一个重要品质就是守信用。对一名保险销售员来说，重承诺、守信用是做好保险推销的先决条件。

保险销售员对保户的信用表现在以下几个方面。

（1）保险销售员在推销的过程中，不要随便许诺。不该说的尽量不说，不能保证办到的尽量别答应。

（2）说出的话都应切实兑现。同客户约见，一定要守时，宁可早到也不可迟到或缺席。

（3）客户提出的问题应据实回答，不了解的应先查明再回复。

四、真诚为客户服务

成功的保险销售员一切行动均围绕着客户进行，无论是售前、售中、售后的服务，都很好地实践了"客户至上"这一信条。保险销售员与客户不仅是简单的推销与被推销关系，而是相互依存的朋友关系。优秀的保险销售员凭着周到的服务建立起牢不可破的客户网络。

要做到以上这些应遵守以下两个原则。

（1）不轻易否定客户。否定别人，就是对自己的否定。一味地否定别人只能错失良机，错失许多成功的机会。

（2）不为自己找借口。找借口实际上就是否定自己的能力。

五、具有敬业精神

保险销售员要具有高度的敬业精神，对保险销售工作有高度热忱和强烈的进取心。因为保险销售是一项艰苦的工作，困难重重，会碰到太多的挫折与失败，这些往往使人灰心丧气，对自己和工作都失去信心，很容易意志消沉、一蹶不振。

只有强烈的敬业精神，才能充分发挥自己的聪明才智和创造力，勇敢面对所有的艰难险阻，不断开拓进取，最终实现自己的人生价值。

六、具有专业精神

保险销售员的专业精神是指推销要专心致志，全心全意地投入到工作中去。只有具备了这种精神，不断地提高自己的推销技巧，不断吸收新知识，才能不管工作多么细小也全力以赴；才能以成果为第一要务，完成终极目标；才能不断自我激励，坚持到底。

第二章
应具备的职业素质

应展现的人格魅力

【要而言之】

对于保险销售员来说,要做好业务工作,不但需要掌握一定的技巧,还需要培养自身的人格魅力。保险销售人员业务工作的成败在很大程度上取决于他们的人格魅力。

【详细解读】

一、自信

自信是保险销售员必备的气质和态度,自信表露在与客户会谈时的言谈举止中,自信可以赢得客户的信任。从另一方面来说,客户绝不会向没有自信的保险销售员购买保险,因为那样的保险销售员无法让客户产生信任。

保险销售员的自信主要表现在下图所示的几个方面。

表现一	对自己推销的保险产品充满信心,相信自己推销的产品是最好的,也是客户所需要的;对自己的工作充满信心,对自己的销售技巧及经验充满信心
表现二	衣着整齐,挺胸颔首,笑容可掬,礼貌周到,对任何人都亲切有礼,细心应对,这是优秀保险销售员自信的良好外在表现
表现三	当拜访客户遭到拒绝和嘲讽时,要依靠坚强的自信沉着面对,不要流露出不满的情绪,依旧对客户以礼相待
表现四	推销失败时,不要灰心丧气,坚信下一次一定能够成功

保险销售员的自信表现

二、热情

热情是成功的催化剂,热情使保险销售员精力充沛、信心百倍。要保持良好的工作热情,应做好以下工作。

(1)身体健康是产生热情的基础。一个人如果行动充满活力,他的精神和情感也会充满活力。所以,保险销售员应每天一早起来就做些体能活动,像柔软操、慢跑或骑自行车等,这些活动不但可以增进自己的健康,而且可以提高自己的精力和热情。

(2)在做一件工作前,先给自己进行一些精神激励,坚信自己一定能成功,并充满热情地实施自己的计划,努力去实现,从而获得最终的成功。

借用调查问卷接近客户的话术

保险销售员:您好!我是××保险公司销售人员××,我们公司在做客户保险需求的问卷调查,这里有一张"问卷调查表",麻烦您浏览一遍,请您填写一下,感谢对我们工作的支持。

保险销售员:您好!我是××保险公司销售人员××,我们公司在做一项有奖问卷调查,这是一张"有奖问卷调查表",请您填写一下,上面有您是否办过了保险,您是否满意保险公司的服务,您是否满意保险推销员等。请填好您的地址和电话,以便中奖后通知您。副卷撕下您保存好,上面有号码,主卷我带走,一个月以后我们公司举行抽奖活动,到时电视、报纸会公布中奖号码。本次抽奖共设计了五个奖项,其中一等奖是一台34寸的大彩电,希望您中大奖。

保险销售员:您好!我是××保险公司的销售人员××,我负责给客户送"紧急联络服务卡"。最近我们公司在推行一种绿色通道服务工程,制作了一套紧急联络服务卡,如果客户在全国任何一个地方出现意外风险和疾病住院,即可打服务卡上的全国统一服务热线电话,我们公司将为您提供快速而周到的理赔服务。这里是"紧急联络服务卡",麻烦您填写一下,主卡我带走,副卡请您留下。

> 保险销售员：您好！我是××保险公司的××，我们公司正在做售后服务的跟踪调查，请问您在我们公司办的保险满意吗？我们的服务还有哪些做得不到位，欢迎您给我们提一些建议，我是公司专门委派下来跟踪调查的，不介意的话我可以坐下吗？

三、坚持

要顺利签下一张保单，可能要经过保险销售员几次甚至几十次的努力才最终取得成功。如果因为客户的拒绝而轻言放弃，不但自信心大打折扣，而且再也不存在成功的可能。如果能坚持下去，对客户动之以情、晓之以理，或许能够打动客户，促成交易。

保险销售员成功的关键其实在于能够坚持，一次又一次坦然承受失败，虽然被拒绝多次仍然不轻言放弃。

比如，费城忠诚保险公司总裁华特·利玛·泰伯特先生说："从事保险这一行，总而言之有一个条件，那就是勤于拜访你的保户。"美国20世纪50年代杰出的保险推销员之一——富兰克·贝吉尔，他受到这句话的启发，曾连续20年名列全美年度五大推销员。

四、勤奋

成功的保险销售员要实现勤奋，必须做到下图所示的三点。

1. 勤奋地拜访客户，不断地积累客户
2. 勤写书信与客户联络感情，及时整理客户资料，勤收集有关的资讯
3. 有技巧地与客户联系

保险销售员做到勤奋的要求

只有勤奋，保险销售员才能建立自己的客户群，才能做好商谈前的各项准备，才能有的放矢，才能成功实现推销。

应提高的个人能力

【要而言之】

丰富的学识、良好的自我控制能力以及坚持的精神，都是一个成功的保险销售员必须具备的能力与素质。

【详细解读】

一、丰富的学识

保险销售员除了应具备保险的专业知识及推销技巧外，还必须具备下图所示的知识。

投资理财知识	如股票、基金、外汇、期货、房地产、黄金、投资策略、投资产品等相关知识
政治、经济趋势	国家经济政策、世界经济趋势、政府策略、重大民生法案、福利政策等
医疗保健常识	各种重大疾病的征兆、普通医疗保健常识等
法律知识	保险法规、税法、民法、理赔条款等
其他知识	如心理学、行为学、流行趋势、消费趋势、旅游、汽车、运动、文学、艺术、园艺等

保险销售员应具备的知识

二、自我控制能力

自我控制能力就是要有一种自控、忍让的精神。保险销售员的自我控制能力主要表现如下图所示。

自我控制能力

1. 控制怯场

刚参加保险销售工作的人常会出现这种情况：在陌生人面前，尤其是人多的场合，因紧张害怕而不敢说话，或者说话时显得拘谨、不自然，会出现怯场的情况。

控制怯场有以下图所示的几种方法。

方法一	克服恐惧心理。没有人生来就是演说家，人都有一个艰难的"第一次"。克服恐惧心理后，就能从容面对
方法二	加强训练。抓住每次训练的机会，反复练习，如朗诵、多与别人交谈、多听别人交谈
方法三	每次发言前做好充分的准备。在谈话之前准备好可能涉及的内容，只要大方向上有所准备，到时就不至于不敢说或说不下去
方法四	视而不见。就是在发言前，心中有听众，但在发言时，眼中不能有听众，一定要表达准确

控制怯场的方法

2. 控制发怒

在保险推销过程中，保险销售员会遇到各种各样的人，会碰到各种各样的事，千奇百怪，不一而足。

比如，有的客户态度粗暴，吹毛求疵，或是提出了毫无理由的苛刻条件。

在这些情况下，保险销售员应沉着应对，冷静处理，是对保险销售员素质和自制能力的一个考验。因为发怒不仅会破坏沟通交流的气氛，而且还会使保险销售员情绪失控、思维紊乱、言辞不当，从而导致交易失败。

3. 控制惊喜

惊喜是人们得到出乎意料的好消息或利益时，掩藏不住内心的兴奋而表露的一种极端的情绪。

在和客户交谈时，保险销售员如果因为惊喜会造成情绪的巨大波动，既会导致自己言辞不当，又会暴露自己内心的意图，更会使客户反感。因此，保险销售员要使交谈活动顺利进行，就应具备对惊喜的自制能力，不管内心多么兴奋，都要保持冷静的头脑，淡然处之。

三、社会交往能力

社会交往能力是每一个保险销售员必须具备的基本能力，它是开拓客户的一个重要因素，是成功推销的前提条件。

在保险行业想要提高业绩，就必须拥有良好的人际关系，建立自己的关系网，并和客户保持良好的关系。社交能力是衡量一个保险销售员能否适应现代开放社会和做好本职工作的一条重要标准，保险销售员要善于与各种不同的人建立亲密的交往关系，并善于和不同类型的客户打交道。

四、观察能力

人的任何行为表现都与内心活动有关联，反映着内心活动的一个侧面。因此，保险销售员应培养敏锐的观察能力，从客户的行为中发现客户内心活动的信息。

要提高观察能力，应从提高观察的效果入手，自身的知识、观察方式和目的等都是影响保险销售员观察效果的主要因素。

保险销售从入门到精通
从目标到业绩的高效销售技巧

第三章
客户开拓拜访技巧

导言

　　开拓准客户是专业化推销环节中非常重要的一步，持续不断的客户开拓是帮助保险销售员事业稳定、健康发展的唯一方法。所以，保险销售员必须在客户开拓与拜访上花大力气。

销售冠军成长记系列

本章导视图

客户开拓拜访技巧

- **积极寻找准客户**
  - 亲缘法
  - 保户介绍法
  - 陌生拜访法
  - 影响力中心法
  - 资料查阅法
  - 个人观察法
  - 合作推销
  - 调查表访问法
  - 利用互联网

- **借助微信找客户**
  - 完善个人信息
  - 巧发朋友圈

- **开拓团体准客户**
  - 事先进行调查
  - 打入内部
  - 直接与决策者交谈

- **准确评估准客户**
  - 准客户应具备的条件
  - 评估准客户的方法
  - 评估准客户的注意事项

- **筛选区分准客户**
  - 目标业务分解
  - 客户资料登记
  - 客户资料管理
  - 客户路序分类

- **拜访前准备充分**
  - 物质准备
  - 行动准备
  - 心理准备
  - 其他准备

- **电话约访准客户**
  - 电话约见基本要领
  - 电话约见礼节

- **陌生拜访准客户**
  - 做好拜访前的准备
  - 陌生拜访的步骤
  - 拜访后的工作

- **制造再访的机会**
  - 把握细节
  - 交友为上
  - 随机应变"巧"约客户

- **寻找再访的借口**
  - 行销工具法
  - 特别拜访法
  - 名片法
  - 直接拜访法

积极寻找准客户

【要而言之】

任何一个销售人员要想获得销售成功,都要从最基础的寻找准客户开始。所谓准客户,言下之意是指那些准备购买的客户,即那些符合客户的基本条件,只待成交的客户。

【详细解读】

对于保险销售员来说,寻找准客户的途径主要有以下几种。

一、亲缘法

亲缘法是许多保险销售员首先要采取的方法,它有利于保险销售员克服心理上、技巧上的困难,培养自信心,迅速建立业绩。在保险销售员身边能成为准保户的人有很多,亲缘法是选择自己的亲朋好友作为准保户。这些人包括亲戚、邻居、朋友、同学、校友、老师、前公司的上司、同事、保户等。客户来源如下图所示。

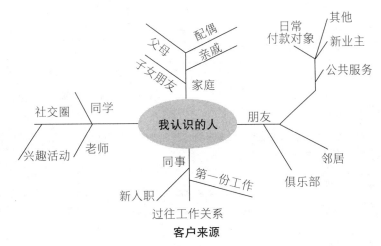

客户来源

亲缘法可以帮助保险销售员利用自身固有的人际关系，尽快产生业绩，培养自信心；熟悉业务，容易克服心理障碍；练习推销保险的操作技巧，这些技巧需要保险销售员通过实地演练，才能慢慢熟悉、掌握，而自己的亲朋好友，正是演练推销技巧的对象。

小提示：在使用亲缘法时，保险销售员应注意绝不强迫推销，坚持最专业的服务，为客户设计一份最合适的保单。

二、保户介绍法

保户介绍法亦称为连锁介绍法或无限介绍法，是指保险销售员请求现有保户介绍他认为有可能购买产品的潜在保户的方法。

保户介绍法是最有效的，是保险推销的"王牌"。它的优点是被介绍人有信任感。而保险推销中准保户的信任感，正是促使准保户购买的第一要素。通过介绍人，可以很快地了解到被介绍人的情况，可以大大提高工作效率，成功的概率也更大。

保险销售员使用保户介绍的方法时，应注意下图所示的问题。

问题一	介绍人在场第一次见面时不必谈保险。这时保险销售员的推销动作越少，越容易获得信赖，只要获得对方的信任，那么成功的机会就会很大
问题二	电子邮件不要寄上太多资料。在给被介绍的客户发电子邮件时，资料内容应简单明了，不要过于复杂。因为电子邮件只不过是一个销售的辅助工具，在于能引起保户的兴趣
问题三	及时告知介绍人访问结果并表示谢意。当保险销售员拜访了新客户以后，一定要告诉介绍人拜访的结果，并表示感谢。这不仅是一种礼貌，同时也是与介绍人加强联系的理由
问题四	懂得报恩。在成功开拓客户后，可以通过口头或赠送一些小礼品对介绍人表达谢意

使用保户介绍法时应注意的问题

三、陌生拜访法

陌生拜访是指直接向不认识的人介绍和推销保险，它是一个保险销售员走向成功的基本功，是保险事业的起点。它可能会带来很多意想不到的困难，但也会使保险销售员在短时期内迅速增加保险销售的知识和技巧，快步走向成功。

陌生拜访是最基本的寻找和发现客户的方法，保险销售员在使用时要注意下图所示的问题。

使用陌生拜访法应注意的问题

四、影响力中心法

影响力中心法是指保险销售员在某一特定范围内，寻找并争取有较大影响力的中心人物为客户，然后利用中心人物的影响与协助，把该范围内可能的潜在客户发展成为客户的方法。

保险销售员如果能把中心人物发展为自己的客户，就很有可能引出一批潜在客户。这种方法避免了保险销售员重复地向每一个潜在客户进行讲解和说服工作，因而节省了大量的时间与精力。

寻找中心人物是使用影响力中心法成败的关键，保险销售员应该选择具有较多潜在客户的区域作为目标市场，然后在目标市场范围内寻找有影响力的中心人物，并努力争取他的信任与合作。

五、资料查阅法

资料查阅法是通过查阅各种信息资料来寻找准客户。但是，保险销售员对各类情报资料的搜集、整理及汇编工作还有一定的难度。从我国现阶段实际情况看，保险销售员能利用的资料有统计资料、工商管理公告、报刊资料、企业广告和公告、电话簿等。

资料查阅法的优点是可以用较小的代价获得较准确的资料，可以掌握很多客户的资料。

六、个人观察法

个人观察即保险销售员根据自己对周围环境的直接观察和判断去发现准客户。保险销售员在各种场合，无论是与人聊天、打电话、吃饭、旅游等，都可以寻找准客户。使用这个方法时，要求保险销售员具有非常敏锐的观察力。这种方法的优点如下图所示。

保险销售员直接面对市场，减少许多不确定因素，提高寻找准客户的准确性和成功率

可以扩大视野，不断增进推销范围，发现新的准客户，创造新的销售业绩

有助于培养保险销售员的观察能力，积累推销经验与增长实践才干，促进保险销售员的成长和发展

个人观察法的优点

七、合作推销

合作推销分两种类型，一种是保险销售员相互之间的合作营销；另一种是保险销售员与其他产品推销员的合作。

（1）保险销售员之间可以是两人合作，也可以是多人合作，其优缺点如下图所示。

保险销售员能够扬长避短，尽快取得客户的信任，解决客户的疑难问题

如果合作不好，会适得其反

保险销售员相互之间合作营销的优缺点

（2）保险销售员与其他产品推销员的合作，主要是指其他产品的推销员在推销产品时为保险销售员介绍准客户。

八、调查表访问法

利用事先印制的带有保险公司标志的调查表对陌生人进行随机访问，不仅有利于在短时间内收集众多准客户的资料，而且可以进行广告宣传。

九、利用互联网

与电话相比，互联网是一种更方便快捷开发客户的方法。利用互联网开发客户的方法如下图所示。

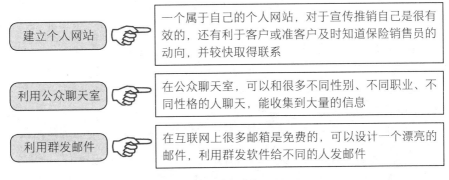

利用互联网开发客户的方法

借助微信找客户

【要而言之】

微信营销作为一种新型的营销模式,正被大多数商家和消费者试用和关注。同样在保险营销中,微信作为一种新型的商业工具正被广泛应用。

【详细解读】

一、完善个人信息

1. 选择正确的头像

微信营销的目的就是希望先"卖人"后"卖服务"。所以保险销售员可以将真实的自己展现给对方。因为真实的头像能够在添加陌生人时加大通过率。

不建议使用卡通类、宠物类的图片作为自己头像,容易混淆,且容易被淡忘。

2. 起合适的微信名字

与头像目的一样,名字也能将最真实的自己营销给对方,所以理想的方式就是大方地将自己的真实名字设为微信名。可运用英文名以及小名,会更有亲切感,且容易记忆,但是前提是,你的小名或者英文名在你的生活中、门店中是广为人知的。

需注意的是,虽然加上AAA在名字前的方式很容易将自己的联系方式放在通讯录靠前的位置。但是这种方式特别容易被客户屏蔽。某些"字母"客户根本不知道什么意思,而"销售"字样在加好友时容易被拒绝。

第三章
客户开拓拜访技巧

××保险销售员的微信名

3. 用签名来为你做广告

个性签名在微信的各类设置中相对来说是比较不起眼的，但是对于营销型的微信来说还是希望借由这里的文字给自己做广告，同时将自己的联系方式与简介公之于众。

在平时维护中可以定期更新，将公司最近活动以及优惠信息进行发布。不要强化"销售"字样，否则容易在添加好友时被拒绝。

××保险销售员的微信个性签名

二、巧发朋友圈

作为保险销售员，对于联系顾客纽带的微信朋友圈，该发些什么内容呢？

（1）个人生活、娱乐内容。此类内容是希望让对方多了解你，并让对方真切地感受到你是一个人，而不是一个销售机器。

（2）产品常识。这类内容是希望对方带来一种你比较专业的感觉。

（3）个人销售业绩或个人荣誉。这类内容对方可以感觉到你的生意红火、你的专业可信、得到客户的认可，以此来获取对方信任。

（4）客户服务经历。这类内容指的是你亲自帮客户处理问题的经过以及结果，最好配上图片。希望给对方带来你很有服务精神，打造优质服务的服务顾问形象。

（5）客户的感谢短信。这类内容指将客户的感谢短信截屏发在朋友圈，配上自己的感言，并在回复中打上客户感谢的内容，用更多的服务故事打造自己周到服务的专业销售形象。

（6）最新行业资讯。指本行业的政策变化、新产品上市信息、市场前景，体现自己的行业资深形象。

（7）活动促销信息。此类信息旨在引起客户兴趣，带来与你沟通的可能，创造销售机会。

（8）最新新闻、热点话题以及其他。此类信息希望增加个人微信的趣味度，增加对方的关注。

 **情景再现**

我有车险、房屋保险，已经够了

准客户：我有车险、房屋保险，已经够了。

保险销售员：您又有车又有房子，如此有成就真是令人羡慕，您还很负责任地给您的车和房子都准备了保险，考虑得真周到。但这就像您有一部印钞机，您是应该照顾机器呢，还是照顾印出来的钞票？

准客户：都要照顾啊！

保险销售员：当然两者都重要。但如果只能选择一种，您选哪一种？我想答案一定是印钞机吧。因为钞票没有了可以再印，但机器没有了，就什么都没了。可是很多人却本末倒置，为自己的车、房子、机器厂房都买了足够的保险，却吝于对自己投资。所以当发生事故，常常可能听到不幸的结局，不是公司结束经营，就是财产处理完了还留下一大笔债务。

准客户：对自己投资？

保险销售员：是的，为了保护家人和自己的心血，在投保财产险时，千万不可忽略人寿保险，甚至要将人寿保险摆在第一位。

开拓团体准客户

【要而言之】▶▶▶

团体客户，对于保险销售员可以称得上是一个大的"诱惑"。因此，成功地开发团体客户，就成为保险销售员的一项重中之重的工作。

【详细解读】▶▶▶

一、事先进行调查

保险销售员可直接深入某个企业或团体，先摸清团体客户的基本情况。

比如，他们的经济状况、支付能力、谁是真正的决策者及该团体的作息规律等情况。

二、打入内部

团体开拓不要急于求成，不要急功近利。保险销售员要勤于拜访，经常与客户保持联系，融洽感情，为以后的工作打好基础。

三、直接与决策者交谈

找准关键人物，让他首先接受并购买保单，其他人的工作相对来说就容易做了。

江×是个精明干练的保险销售员，为了攻克市人民医院这个"堡垒"，她连续拜访了十几次，差不多所有的医生都认识她了，但还是没有人买她的保险。一次又一次地拜访，江×终于找到了问题的症结所在：原来大家都在看院长买不买。后来,江×直奔院长办公室,却被挡在外面,不让进去。

后来她见到院长,但院长却百般推托。江×急了,说:"请给我一分钟,可以吧。"院长很不情愿地给了她一分钟,看她有什么招数能在一分钟内讲清保险的功能并打动他。

江×诚恳地说:"保险的好处就是平时当存钱,有事不缺钱,万一赚大钱,投资稳赚钱,收益免税钱,破产保住钱,养老永领钱,投不投由你!"

院长一听乐了,终于让江×进办公室慢慢地说。

江×把保险的好处逐条讲解,然后又请院长出面,给全院医生上了一堂保险课。

结果,江×花了两个小时讲解,换来了150份保单,全院医生都一起投了保,有的还一人投了几份保单。

我们销售的是明天而不是今天,是未来而不是现在。我们销售的是安全,内心的安详,一家之主的尊严以及免于恐惧、免于饥渴的自由。我们销售的是面包、奶、子女的教育、家庭的幸福、圣诞节的玩具和新年礼物。我们销售的是利益而不单纯是金钱。我们销售的是天伦之乐和自尊。我们销售的是希望,我们销售的是梦想和祈祷!

——柏特·派罗(世界保险行销巨子)

第三章
客户开拓拜访技巧

准确评估准客户

【要而言之】

保险是针对性很强的产品,因此,保险销售员必须对潜在客户进行全面的评估,从而确定哪一位潜在客户会成为实际购买的客户。

【详细解读】

一、准客户应具备的条件

一般来说,准客户应具备下图所示的条件。

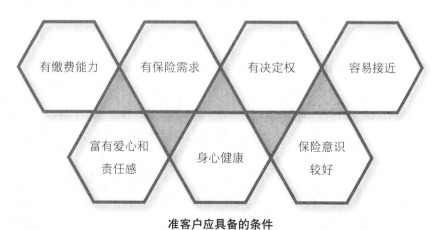

准客户应具备的条件

1. 有缴费能力

购买保险是一种不小的消费,保险保障的获得需要一定的资金,按照马斯洛的需求理论,人们的保险需求属于安全需求层次,如果一个人尚处在解决温饱阶段，他是不会购买保险的，那些经济拮据的人对购买保险一事心有余而力不足。

2. 有保险需求

这是相对的，实际上，每个人都有保险需求，只是有强弱和多少之别而已。

比如，某客户是一位高级公务员，他不仅工资收入很高、很稳定，而且"五险一金"齐全，对养老、疾病等风险没有后顾之忧，那他的保险需求就相对弱些、少些，在适当的情况下，他可能会考虑购买一点重疾、住院补贴和意外伤害之类的商业保险。

3. 有决定权

一个人在家庭中、在单位里所处的地位、所扮演的角色不同，决定了对事情的处断权的有无和大小，反映在购买保险方面，有意向购买的人不一定有决定权。

4. 容易接近

对保险销售员来说，找比较容易接近的人，推销成功的概率会比较大。由于人的性格、家庭背景、受教育的程度和工作经历等各不相同，从而决定了人们的思维方式及处事习惯的差异，保险销售员对此应有所了解，找到接近客户的突破口。

有些人根本无法接近，如某位高层领导、某位著名影星；还有些人性格孤僻，性情古怪，拒人千里之外，无法与其正常沟通，也是造成不易接近的原因之一。

5. 富有爱心和责任感

富有爱心和责任感的人最容易成为准客户，因为保险的意义与功用与之思想意识相吻合，与其要达到的目的是一致的，但多数客户需要给予适当的引导和启发。

比如，孝顺的儿女多半会为父母投保；恩爱的夫妻总是对对方负责，为对方着想，从而为其购买保险；从父母的角度来看，孩子的成长至关重要，会为了孩子的将来而购买保险。

6. 身心健康

身心健康包括身体健康和心理健康两个方面。身体健康是指作为被保险人的人身体应当是健康的，且能够通过保险公司的核保；心理健康是指作为被保险人不但身体要健康，在心理上同样要健康，否则，不宜将其例为准客户。

比如，对社会现实存在认知上的严重偏差（性格偏激）的人投保往往会给营销员自身或他所在的公司带来极为不利后果。

7. 保险意识较好

由于每个人的生活经历、社会阅历不同，造成了人们对事物认识的很大区别。对保险的认识也一样，会因人而异，保险意识较好的人比较容易接受保险；相反，保险意识不好的人则难以接受保险，对保险持否定态度。

上述7个条件必须同时具备才能算作一个准客户。只具备上述其中的一个或几个条件均不能成为一个真正意义上的准客户。

比如，某位客户很有钱，但是他相当难以接近，或者保险意识相当差，那么，他就不是一个真正意义上的准客户，在他身上付出太多的时间和精力往往是一种浪费。

小提示：准客户应具备的条件是衡量我们即将要拜访的客户是否为准客户的基本标准，我们应当将这个标准时刻放在心上，在展业过程中不断运用这个标准去衡量面前的客户。

二、评估准客户的方法

保险销售员在评估准客户时，可根据准客户应具备的条件一一进行判断评估，具体方法如下图所示。

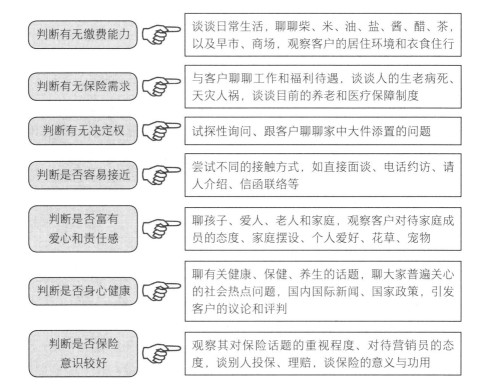

评估准客户的方法

三、评估准客户的注意事项

优质准客户的数量,决定了业务员业绩的好坏;准客户积累总量的多少,决定了业务员的保险营销生涯;能否准确评估准客户,决定了业务员的工作效益。所以,评估准客户是业务员的一项基本能力。保险销售员在评估准客户时,应注意以下事项。

(1)按照事先预定的计划,有准备、有目的地拜访目标客户,尽量避免盲目性。

(2)在拜访某一具体客户时,从一开始见面的寒暄、赞美到整个拜访活动结束,在这个过程中要不断地用准客户应当具备的7个条件去衡量你面前的客户是不是一个潜在的准客户。

(3)分清真假拒绝,以免影响正确判断。

(4)所有判断都是在与客户的聊天中自然而然地完成的,是客户察觉不到的。

（5）如果能够确定他就是准客户，那就可以按预定计划继续进行下去，否则就应及时礼貌地告辞，再去拜访其他客户，不宜耽搁太长的时间，造成时间上的浪费。

（6）初次拜访后，要及时对拜访前的客户资讯进行一次重新归纳整理，以便决定下一步的行动计划。

（7）签单过于顺利时，要防止客户逆选择。

 **情景再现**

我要和太太商量一下

准客户：我要回家和太太商量一下。

保险销售员：请问您一个问题，您以前开始管理工厂时，技术上若有问题的话，您会向谁请教呢？您会去选择路边摆摊的小贩吗？开个玩笑，当然我相信您一定会选择专家的。

准客户：那是，我肯定会选择专家的。

保险销售员：对了，您太太有没有研究过保险或读过保险方面的书呢？先生，您也知道有问题问专家，可是现在有一个对保险素有研究的人在您面前，您不问他，反而要问对保险不太了解的太太，您这做法可能不太恰当吧！

准客户：我可以做决定，但是还是要和我太太商量商量。

保险销售员：其实，购买保险的人都是有责任感和有爱心的人，拥有了这份保单，就像为您的太太和小孩提供一个温暖的家及衣食无忧的生活，这是一家之主无法逃避的责任，除非您把这一家之主的权利让给太太，否则您应该自己做决定。

筛选区分准客户

【要而言之】

为了提高与客户的沟通效率,保险销售员做完客户评估后,接下来就要对客户进行筛选,确定哪些才是真正的客户。

【详细解读】

一、目标业务分解

保险销售员将目标业绩画成比例图,假定有10个客户,可能实现保额为100万元。其中前两位客户的保额就占总业绩的80%;第3位的保额占15%;后5位仅占5%,因此就可以找出重点客户,可从这些重点客户入手以提高效率。

二、客户资料登记

一般而言,客户的资料主要包括以下两个方面。

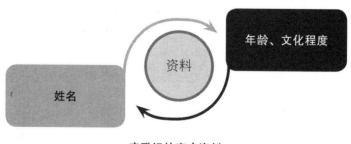

应登记的客户资料

1. 姓名

姓名对每个人来说都很重要，客户的姓名必须要弄准确，否则会使人不快甚至反感。

2. 年龄、文化程度

不同年龄和文化程度的人，可能有不同的价值观，对事物的看法、表达方式等有所不同，对保险的了解和接受都有很大的差距。掌握了客户的这些情况后，就为制定有针对性的销售方案提供了依据。

保险销售员在登记客户资料时，第一，可按客户开拓的先后顺序进行登记；第二，可按客户的经济状况登记；第三，可按客户的保险需求大小进行登记。

三、客户资料管理

保险销售员要给客户建立管理卡，并进行妥善保管，既作为开拓业务的综合资料，同时也为保险企业提供参考信息。

四、客户路序分类

路序是指将客户按地区和最佳交通路线划分的线路顺序。
（1）将客户划分为若干个区域。
（2）按客户所在地区，划分为不同的路序。

一个有责任感的人，对父母、爱人、儿女珍爱的表现，在于他（她）对这个温馨、幸福的家庭有万全的准备。保持适当的寿险，是一种道德责任，也是国民该负起的义务。

——富兰克林·罗斯福（美国前总统）

拜访前准备充分

【要而言之】▶▶▶

凡事预则立，不预则废。要顺利拜访并开发成功，须做好前期准备工作。只有经过充分的准备，拜访客户才能取得成功。

【详细解读】▶▶▶

一、物质准备

保险销售员拜访客户的物质准备包括客户资料的准备和展业工具的准备。这些准备可以让保险销售员在客户面前树立专业的形象，赢得客户的信任。

1. 客户资料的准备

客户资料的准备包括两方面，即客户资料的收集与分析。

（1）客户资料的收集。客户资料的收集应多角度、多途径地进行，尽可能全面地收集所有与其相关的资料。资料收集得越多，客户的形象越清晰，面谈的切入点就越明确。

（2）客户资料的分析。为了详细把握客户的情况，保险销售员必须对收集来的资料进行归类、分析，从大量的事实资料中寻找到可以显示客户某些共性的问题为突破口，并由此得出一个结论或一个判断。

2. 展业工具的准备

展业工具具有强化说明、促成签约的功能，是保险销售员在展业过程中的有力"武器"。展业工具包括展示资料、签单工具和小礼品等。展业工具可以强化说明、促成签约。保险销售员需要准备的展业工具如下表所示。

第三章
客户开拓拜访技巧

需准备的展业工具

序号	类别	工具
1	身份证明	身份证、保险销售员资格证书、工作证、名片、代理员资格证
2	公司资料	（1）公司宣传资料（包括公司的历史、现状、将来的发展等） （2）有关保险宣传的简报 （3）理赔案例
3	客户资料	名单、信函（推荐信、感谢信）
4	签单所需资料	保单介绍资料、保单、计划书、费率表、计算器、收据
5	其他	文具、通信工具、小礼品
6	备注	凡是能促进销售的资料，都必须随身携带。调查表明，保险销售员在拜访客户时，若能有效利用销售工具，成功率可以提高10%

二、行动准备

行动准备是为实施有效接触而进行的行动规划与设计，有一定的程序。行动准备包括拟定拜访计划，确定拜访时间、拜访场所及拜访礼仪等。

为了拜访客户效果更好，为客户留下更好的印象，应做好准备充分，可从下面几个方面着手。

1. 拟定拜访计划

拜访计划主要包括拜访时间的安排、拜访场所的选择和拜访礼仪的确定等。

2. 确定拜访时间和拜访场所

拜访时间和拜访场所的安排应依据客户的习惯、生活规律和职业等来确定，注意不要和客户的日常生活安排产生冲突，以免引起客户的反感。

小提示：对于拜访客户时间的恰当选择，往往可以取得更佳的效果。保险销售员可以根据客户类型来确定拜访时间。

3. 注意拜访礼仪

拜访礼仪包括拜访时的着装、言谈举止等，主要依据客户的职业和拜访场所而定，言谈举止大方得体，可根据不同的情景具体对待。

三、心理准备

由于与客户见面直接决定客户对你的印象，而除了外在形象外，内在散发的特征也会影响客户对你的印象。因而做好心理准备，调整好心态，自信、大胆、放松，才能达到最佳效果。

1. 勇气

保险销售员遭拒绝的次数会很多，不可能所有的客户都会给保险销售员面谈的机会，即便是得到了面谈的机会，客户也不一定就欣然接受保险销售员的销售，所以保险销售员必须具备一定的勇气。

2. 自信

作为保险销售员，要相信自己的选择是正确的；相信自己的保险产品是被人们需要的；相信自己的成功是必然的。

小提示　并非每一次拜访都能顺利，每一次面谈都会成功，保险销售员应具有充分的自信心和良好的心态，有很强的心理承受能力，千万不要因为遇到拒绝或异议就情绪低落，甚至轻易放弃，应有一种百折不挠的精神。

四、其他准备

保险销售员在拜访客户前，做好了物质准备、行动准备、心态准备之后，还有其他需要准备的小细节也不可以忽视，具体如下图所示。

准备一	拜访客户前，保险销售员应再次致电客户确定拜访的时间，从而表现出自身的专业精神及对客户的重视
准备二	熟记客户的个人资料，分析其性格特点、兴趣爱好，这样有助于寻找话题，从中探知客户对保险的需求
准备三	准备不同类型的企业资料，以便对客户进行详细介绍，以在客户面前表现得更熟练、更专业
准备四	提前10～15分钟到达约定的地点，使自己熟悉周围的环境，放置好带来的物品资料，做好心理准备。同时，体现出对客户的尊

拜访客户前的细节准备

拜访之前一定要把与产品、公司、行业相关的资料都了解、学习到，而且要能够熟练地运用，让客户觉得你很专业，那么客户就会对你产生信任感，对你的公司产生信任感。

我一直把给客户送保险当作我生命的延长，保险让我感悟到了许多人生的真理，我再也不惧怕生活的磨难，再也不埋怨客户暂时的不理解。我深切地感悟到给客户送保险是在做善事，是在帮助每一个家庭消灾渡难，保险让我身体的一切打上了"爱心"的烙印。

——原一平（世界级保险大师、推销之神）

电话约访准客户

【要而言之】

随着保险业的不断发展与人们保险意识的不断加强，电话约访已成为保险销售员重要的销售方式。

【详细解读】

一、电话约见基本要领

电话约见基本要领如下图所示。

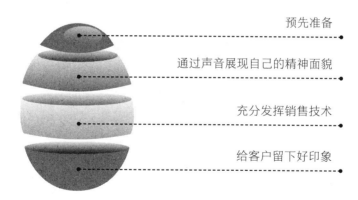

电话约见基本要领

1. 预先准备

即打电话前做好准备，如笔、记录本、有关客户的资料、保险条款的有关信息资料等，都要放在电话机旁，一旦需要可随时取用。

2. 通过声音展现自己的精神面貌

尽可能使自己的声音温和、真诚，必须认真斟酌，要词句清晰，让客户认为你是一个可以信赖的人，从而能够理解和接受。

3. 充分发挥销售技术

先将自己打算讲的重点内容按先后顺序合理安排，如哪些话要先讲，哪些话要后讲，该如何讲等。尽量避免引起客户的反感，并在客户提出疑问之前就予以说明，让客户对你产生好感。

4. 给客户留下好印象

无论客户是否答应约见，在放下电话之前，都应对客户表示感谢，并就占用了客户的时间表示歉意，以给客户留下一个好印象。

二、电话约见礼节

保险销售员在进行电话约访时，需要注意以下礼节。

（1）拨电话之前要仔细核对有关资料。特别是一次准备拨打几个电话时，一定要分别核对每次拨打的电话号码，对方姓名、职务、职业和相关的资讯是否正确，避免产生错误。

（2）语气平和，彬彬有礼。通话时要先自报家门，多说"请"和"谢谢"。

（3）言简意赅，表达清晰。通话时要简明扼要，突出主题，切忌词不达意，给对方留下不良印象。

（4）选择时机，事半功倍。电话随时可打，但要替对方考虑。要针对不同的对象和行业与职业的特点来安排电话约谈的时间。

（5）为了防止通话中东拉西扯，保险销售员可以事先写下谈话步骤与纲要，以提醒自己。

小提示：客户在回应保险销售员电话时，有时会提出各类不同的异议，因此，保险销售员要在进行电话约访前，先规划好拒绝处理的解答方式，这样就可以更有效地回应这些拒绝问题，使客户同意约访。

电话约见客户话术

情景一：电话约见陌生客户

"您好！您是张经理吗？我是××保险公司的××，我知道您是主管营销的，我听说您的下属在为了企业的生存和发展，每日在外四处奔波，夜以继日地出差，的确很辛苦，最近我们公司专门为行销人员设计了一种意外保险，很受广大行销人员的欢迎，您看今天上午10:30我去拜访您可以吗？"

情景二：电话约访被推荐客户

"您好！张科长，我是××保险公司的××，昨天您的同学张×在我这里购买了一份很好的保险，同时她认为此险种非常好，特别适合您这样的成功人士，因此她特地向我推荐了您，您看明天上午10:30我去拜访您合适吗？"

情景三：电话约访学生家长

"您好！这是某某家吗？我是××保险公司的保险销售员××，我从幼儿园得知，您家的孩子，在我们公司办理了××团体学生、幼儿平安保险和附加住院医疗保险，我是专门做售后服务跟踪调查的，请问您明天上午10:00有时间吗？到时我去拜访您。"

第三章
客户开拓拜访技巧

陌生拜访准客户

【要而言之】

很多保险销售员喜欢开发熟人市场，觉得陌生拜访难度太大，容易被拒绝。其实只要掌握一些注意事项和诀窍，陌生拜访也是很好的拓展市场的方法。

【详细解读】

一、做好拜访前的准备

首先，要做好心理准备。必须时常激励自己，消除恐惧心理。其次，做好客户定位。选择熟悉或相对了解的行业作为突破口，以便于找到共同沟通的话题。再次，还要做好专业准备。比如着装大方得体，待人接物的礼仪适宜，相关的咨询、展业工具要备齐，包括投保书、计划书、小礼品、客户调查抽奖问卷、计算器等必备物品，约见客户的话术以及对公司产品的熟练掌握等。最后，要做的一项工作就是制订计划，包括以下内容。

（1）做好时间规划。合理有效利用时间，这个时间涵盖从出发到拜访结束。

（2）做好路线规划。前一天要把第二天准备拜访的地点做好选择，避免把时间耽搁在路上。

（3）做好目标规划。制定拜访数量，坚持不懈。

（4）做好话术计划。针对选择的对象运用话术。

二、陌生拜访的步骤

陌生拜访主要包括下图所示的六个步骤。

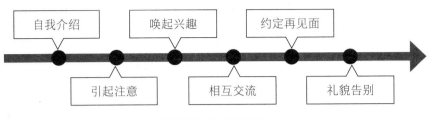

陌生拜访的主要步骤

1. 自我介绍

自我介绍,除了按习惯表示致意外,要表明身份与工作,递上名片,自我介绍前要心中有数,态度要不卑不亢,给对方留下一个好印象。

2. 引起注意

如何引起客户的话题与兴趣,刚开始的话题一定要能抓住客户的需求与好奇心理,促使他听你说下去,并慢慢从谈话中接受你。

3. 唤起兴趣

话题要能引至客户自身,促使其思考你的建议或话题会对其有何帮助或解除其什么疑难。当客户认为所说与他的利益相关时,就会听你说下去。

4. 相互交流

客户有与你交往下去的心理,并在通过相互攀谈与拉拢关系中进一步密切双方的感情,为以后的销售工作和成交打好基础。

5. 约定再见面

如"您星期三下午两点方便还是星期四下午两点方便呢?"当对方确认后,要立即当面记在笔记本上并督促对方也记好。

6. 礼貌告别

在拜访结束时,保险销售员要礼貌告别,并不忘称赞对方几句,给对方留下一个好印象。

三、拜访后的工作

（1）拜访结束后，写出拜访日记，记录当天拜访重点客户的过程、谈话内容、客户的表情等，记录当天的收获、记录当天拜访的心得体会、自我激励等项内容。

（2）分析每一个客户，找到准客户。

（3）反复跟进后进行客户筛选，包括初级客户记录，整理后跟进客户档案，筛选后建立准客户档案。

 **情景再现**

我要先研究再决定

准客户：我要先和别家公司比较后再决定。

保险销售员：您要拿我们的保险和别家比较，这是应该的，由这点可以看出您是一位行事谨慎、不轻易受人影响的人，相信您不管买了哪一家的保险，您一定不会后悔。

准客户：我要买保险，肯定要认真研究一下再决定。

保险销售员：但是在您进行比较之前我必须先告诉您，事实上各公司的产品是无法找到一个立足点进行完全平等的比较，因为这牵涉各家公司不同的增值、理赔及各项给付标准，所以我建议您可以做客观比较，最重要的是先确定您的投保目的，然后从中选择一种最适合您投保的方法，再根据您的需要，由我来为您设计。

制造再访的机会

 【要而言之】▶▶

保险销售是一个持续不断的过程,良好的业绩源于持续不断的拜访。一般而言,在每次拜访的尾声,业务员都会预约下一次的拜访时间。然而,并不是所有的客户都会给你持续拜访的机会,第一次与客户见面后,你需要自己创造再访的机会。

 【详细解读】▶▶

一、把握细节

有些业务员业绩之所以不好,是因为客户积累量不够。客户积累量不够的原因并不是拜访的客户太少,而是在首次拜访后,就被客户拒之门外。

客户真的没有给我们机会吗?不,你能与客户首次见面,就说明你有了机会,只是没有好好把握机会。要改善这种被动的僵局,就必须学会从细节中把握机会。

比如,你在第一次与客户见面时,就要细心观察,了解他的兴趣喜好、职业习惯、生活习惯。这些细节的积累,是你再次拜访客户的"钥匙"。你了解了客户的兴趣爱好,在二次约访时,就可以投其所好地选择见面地点、赠送小礼物等;你知道客户的职业,就明白下次拜访客户时应该选择什么时间,可准备哪些让客户感兴趣的材料等;你知道客户的生活习惯,就可以考虑是否可以以他的家人为突破口,进一步与客户拉近距离。

总之,只要能把握住细节,再次约访客户时,就很容易找到由头,也很容易提起客户与你见面的兴趣,创造再访的机会也就不难了。

二、交友为上

"与客户交朋友"是维护客户关系的基本要求,但许多业务员在与客户交往时常常急功近利,第一次见面就"万变不离保险",这种做法只会让客户生厌,从此以后客户便拒你于千里之外,不愿再与你见面。

如果第一次见面能让客户感受到轻松愉悦,给客户留下"相见恨晚""意犹未尽"的感觉,那么你将很容易获得与客户再次见面的机会,客户甚至会主动约你。

小提示：只有给客户留下好的第一印象,才能很轻松获得与客户再次见面的机会,如果想长久地与客户相处下去,那么就要多考虑一下如何在第一次与客户见面时有一个精彩的表现,怎样做才能让客户愿意与你继续交往下去。

三、随机应变"巧"约客户

第一次与客户见面,或许能给客户留下好印象,很轻松地使他愿意与你继续交往。但有的客户表现较为冷淡和戒备,让你不知该如何与他们约定下次见面的时间。这时,就要抓住客户的心理状态,而客户的心理状态不同,采取的破解办法也就不同。

1. 优柔寡断型客户

有的客户优柔寡断,虽然第一次面谈给他们留下好印象,他们很愿意继续与你交往,但又觉得你所做的一切与推销保险有关,因此心存芥蒂,不知道是不是应该"关上与你交往的大门"。对于这种客户,你要变被动为主动,在与他告别时,很直接地告诉他下次来看望他的时间,因为他处于左右为难的状态,一时无法做出决定,这种主动的提议他很难拒绝,下次见面的时间就很容易敲定了。

2. 果断坚决型客户

有的客户果断坚决,对任何事物都有自己的判断,并很难因为外界的影响而改变自己的想法。对于这类客户，你很难有机会与他们见面，如果获得一次与他们面谈的机会也无法在短时间内改变他们原有的想法，如何预约下次拜访时间就成了一大难题。

这种具有独立性格的自主果断型客户多半不喜欢被人安排时间，你不妨用试探的语气，让客户来决定见面的时间。有时候，客户会随便搪塞几句，并不明确定下次见面的时间，你不能过多地与客户纠缠，可以暗示下次你还会来拜访，至于拜访的时间，就由你自己灵活掌握了。

3. 固执型客户

有的客户很固执，无论怎样表达诚意，他们仍然拒你于千里之外，第一次见面后就明确表态不愿再见。很多业务员对这种客户采取"死缠烂打"的方式，以为这样就能让客户"妥协"。但事实并非如此，这样只会让客户更加厌烦，甚至采取极端的措施让你彻底失去机会。

对于这类客户，你可以在第一次见面时带去一些他感兴趣的资料、礼品等，这些东西要一点点地送，这样下次见面就有了合情合理的借口，客户也会乐于接见，再访就成为一种顺理成章的事情了。

小提示

业务员要突破自身的心理障碍，大胆地对客户提出还会再次来访，不能因为客户态度不够热情就主动放弃再见的机会。

寻找再访的借口

【要而言之】

客户与我们素昧平生,凭什么再次与我们见面?要想顺利地与客户交往下去,就要找个"再见"的借口,给客户一个愿意与我们"再见"的理由。

【详细解读】

一、行销工具法

1. 留下较为简易的资料,约定下次送更为全面的资料

就算客户在你拜访中就要求留下详细的资料,也只给客户较简易的资料,并在拜访结束时说明下次拜访会带来更全面的资料。

2. 留下重要的资料,约定下次取回

首次拜访临走前留下重要的资料,并告知资料的重要性,通常为内部资料;如果客户还在犹豫不决是否留下,不妨"放下就走",客户就算不看也不敢把资料丢弃,但约定取回的时间不能超过一周。

3. 寻找对客户工作、生活有利的资料提供给客户参考

根据客户的需求,寻找客户感兴趣的资料,通常为非保险类的资料。

比如,赠送开服装店的客户关于店面布置的资料(最好是自己在外地旅游时精心拍摄的照片);赠送怀孕或刚生小孩的家庭关于科学育儿方面的资料;赠送有高考孩子的家庭关于合理安排考生饮食的资料……

二、特别拜访法

1. 找一个自己有研究且客户精通的问题去请教

在初访时,要了解客户的专长,同时自己对请教的问题也要有一定了解,避免所提问题过于外行;通常这种情况的拜访要赠送小礼品表示感谢。

2. 运用调查表,请客户协助填写

业务员要备有不同的调查表,调查表以选择题为主,由业务员进行提问与填写。

3. 与主管一同拜访

业务员与主管一同拜访客户,向客户介绍主管的职位与专长,提示主管能给客户带来的价值,让客户感到重视,但一定要排除客户的顾虑。

三、名片法

1. 故意忘记向客户索取名片

客户通常不愿意将名片留给业务员,这常常是你最好的再访借口。通过电话讨要名片时,一定要说明对方对你的重要性。

2. 印制不同样式的名片,借口更换名片

业务员还可定期更新名片,并以此借口拜访客户。

四、直接拜访法

1. 逢年过节、特别日子登门

逢年过节、特别日子(如客户生日、乔迁之日),客户心情好,对于登门祝贺的不速之客不会介意。此时,拜访客户一定要携带礼物,礼物大小由自己拿捏。

2. 借口"路过此地，特别登门拜访"

拜访时可说："到附近见一个朋友"，或"拜访客户"，或是"刚在附近成交一笔保单"；切不可说："找不到朋友或客户，才有时间拜访他"。一定要强调是"特别登门拜访"而不是"顺道拜访"。

3. 不找借口，直接拜访

与其费尽心思为自己拜访找理由，不如直接行动；可能会因为比较唐突一些，容易碰壁，但却是训练自己成长与锻炼胆量的机会。

 **情景再现**

再次拜访客户话术

情景一：结束拜访时，直接导入下次约访

"张先生，您要的资料我下次专程送来，因为其他客户索取太踊跃，公司在加急印刷，印好后我马上送来。现在的这份资料虽然简单，但也值得一读。"

情景二：留下客户资料以便下次取回

"张先生，这个资料留给您，这是请专家为已购买保险的客户设计的，每份都有编号，这份资料是我的客户的，因为他是我的朋友，我会向他解释一下，迟几天再送过去。"

情景三：以取回资料为借口

"李先生，在上周给您送的建议书中附有一份投保单，公司要求定期核销，明天我必须取回，我是上午还是下午去取？"

情景四：以鉴赏玉石为借口

"李先生，我知道您对玉石很有研究，我前些时间买了一块玉石，请您帮忙看一下。您方便的时间是周三还是周四？"

情景五：以品茶为借口

"李先生，我和您一样喜欢喝茶，并且研究茶。我一个朋友是开茶叶店的，前几天他给了我几种样品，让我品品好坏，再决定是否进货。请您也帮忙给一个建议。您方便的时间是周三还是周四？到时，我把样品带来拜访您。"

情景六：以调查服务质量为借口

"李先生，公司每月会根据我的拜访记录，随机抽选五个客户给我们的服务质量进行评价，您就是其中的一位。您方便的时间是周三还是周四？我会把调查表送给您，麻烦您了。"

情景七：以征求客户建议为借口

"李先生，上次送给您的资料，您看了吗？公司将这份资料的推广任务交给我了，为了让资料对客户更有价值，我要征求五位见解独到客户的建议，作为资料推广的参考。您是方便的时间是周三还是周四？我登门请您帮忙填写调查表，麻烦您了。"

情景八：阐明经理拜访的目的

"李先生，我向我的经理汇报了我和您面谈的情况，他认为我在解释'××××'产品时并没有把所有的优点谈到，希望亲自解释一下。同时，经理还特别交代我要向您说明，他绝不会在您没有同意的情况下要求您投保，他这次的拜访是想和您认识一下。我的经理是我们公司的商品研究专家，他有许多客户也和您一样在××行业工作。您方便的时间是周三还是周四？"

情景九：以向客户学习为借口

"张先生，我上次忘记向您讨教一张名片。在与您的交谈中，我发现您有很多方面值得我学习。无论您是否向我购买保险，您都比其他客户还有更大的价值，就是从您身上能学到更多为人处理的技巧。我接触过的人，我都留下他们的名片，精心珍藏，更何况是您。我是星期三，还是星期四去取您的名片？"

情景十：以晋升职级或以更新名片内容为理由

"张先生，好久不见了，最近一切都好吧？我最近晋升了，能给客户提供的服务范围扩大了，在我的新名片上有介绍，我要专程送一张给您，您看是周三还是周四方便？"

"张先生，上周我给您的名片上没有我家的电话，为了方便朋友联系我，我特意重印了一盒名片。我要专程送一张给您，您看是周三还是周四方便？"

保险销售从入门到精通
从目标到业绩的高效销售技巧

第四章
保险计划书设计技巧

导言

　　俗话说：好的开始是成功的一半。制作一份精彩的保险计划书，是成功签单的第一步。一份优秀的保险计划书可以使保险的成交率大大提高，同时使保险销售员开展工作达到事半功倍的作用。

销售冠军成长记系列

本章导视图

保险计划书设计技巧

- **保险计划书的基本认识**
  - 什么是保险计划书
  - 保险计划书的重要性
  - 保险计划书的格式

- **保险计划书的分类标准**
  - 按简易程度划分
  - 按设计风格划分
  - 按险种组合划分

- **保险计划书的设计步骤**
  - 客户资料收集与整理
  - 保险需求分析
  - 保险组合选择

- **保险计划书的设计内容**
  - 封面设计
  - 公司简介
  - 设计思路与需求分析
  - 计划特色
  - 保险利益内容
  - 辅助资料
  - 结束语

- **保险计划书的讲解步骤**
  - 确认客户的需求
  - 解析潜在问题
  - 提出建议
  - 促进成交

- **保险计划书的讲解技巧**
  - 有备而来
  - 讲解内容简单化
  - 数字功能化
  - 解说生活形象化
  - 业务熟练化
  - 避免忌讳用语
  - 保持耐心和微笑
  - 确定客户完全了解了保险内容

保险计划书的基本认识

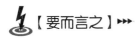

保险销售员要制作一份好的保险计划书,首先必须对保险计划书有一个正确的认识。一份完整的计划书看似简单,但实际上需要细心了解和周密的分析。

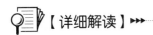

一、什么是保险计划书

保险计划书就是保险销售员根据客户的个人或家庭状况、年龄、文化水平、投资偏好、财务状况、需求要点、风险趋势、消费习惯等具体情况,利用保险公司的保险产品进行优化组合,合理配置,以满足客户需求,并可以直观地向客户说明保险保障方案的说明书。简而言之,保险计划书也就是保障方案的使用说明书。

二、保险计划书的重要性

对于保险销售员而言,保险计划书主要有以下两方面的作用。

1. 同业竞争的需要

价格虽然仍是保险企业之间业务竞争的重要筹码,但已经不是唯一的筹码了,且随着保险监管的进一步加强,保险市场竞争秩序的进一步公正与公平,非价格竞争手段如风险管理专业水平、保险服务等方面的影响日益凸显。保险计划书,作为风险管理专业水平与保险服务的综合表现手段,为保险业务人员树立风险管理专家形象和塑造保险企业的专业品牌起到重要作用。

2. 客户投保决策的需要

随着消费者文化层次、保险意识的不断提升，投保行为将越来越规范化。无论是单位、团体还是个人，投保决策将更趋向于理性。保险计划书很好地回答了客户"为什么要买保险""为什么要买这家公司的保险"等问题，迎合了客户理性投保的需要。

随着中国保险市场竞争主体的逐步增加，以及保险经营方式逐步与国际接轨，销售保险的过程其实就是展示企业的专业与实力，与竞争者比服务和形象的过程，保险计划书作为一种销售"武器"，也作为一种专业水平的证据，发挥它的独特作用。

为客户设计计划书的话术

情景一：为单身人士设计保险

保险销售员：李先生，您这么年轻有为，有没有考虑过在五年内结婚？

准客户：当然考虑过。

保险销售员：那很好！您会不会希望到时候自己有一笔钱可以作为结婚之用？

准客户：当然希望。

保险销售员：如果您要准备好结婚的钱，您一个月可以拨出多少预算？800元怎么样？如果一个月800元，我就可以为您设计一个10万元的结婚准备金计划，您觉得怎么样？我这里正好有一份类似的计划书，您要不要先了解一下？

情景二：为养老退休设计保险

保险销售员：陈先生，您真的很成功，事业又很有成就，有没有想过什么时候退休？

准客户：没有。

保险销售员：如果您有一天要退休，您需要为自己准备多少退休金？

准客户：不知道。

保险销售员：那没关系。如果您要为自己准备好退休金，您一个月能拨出多少预算？900元怎么样？如果一个月900元，我就可以为您设计一个20万元的退休金计划，您觉得怎么样？我这里正好有一份专门的养老退休计划书，有没有兴趣让我为您仔细介绍一下？

情景三：为子女教育设计保险

保险销售员：刘先生，您孩子那么聪明，您一定很疼他，是吗？

准客户：嗯。

保险销售员：您这么疼孩子，不知道有没有为他的前程做好规划？

准客户：暂时还没有。

保险销售员：那没关系，如果要为孩子做前程规划，您一个月能拨出多少预算？600元怎么样？如果一个月600元，我就可以为您设计一个10万元的子女教育基金，您觉得怎么样？我这里正好有一份针对子女教育的计划书，现在是否有空我们一起研究一下？

三、保险计划书的格式

保险计划书的格式须讲究章法和组织条理，内容简洁系统并直观，从而使其更富表现力；同时，还可适当穿插表格和图示，以避免版面单调。

比如，关于保障内容与保费计算部分，就可使用综合表格；而风险评估中有关建筑周围环境信息即可画图直观表现；有关数据的变化也可用坐标趋势图来展示。

保险计划书的分类标准

保险计划书的展示，在整个专业化销售流程中是很重要的一环，它是保险销售员和客户促成的前奏。保险计划书按不同的标准可分为不同的类型。

【详细解读】▶▶▶

一、按简易程度划分

保险计划书多种多样，格式不一，有简单的，也有比较复杂的。

如企财险、工程险、团体保险，由于涉及标的或保险对象繁多，分析因素众多，财产保险计划书需包含风险评估、防灾减损、保险建议及自担风险等内容。团队人身保险需要交代财税法律法规背景知识，尤其是年金类产品还要介绍账户管理情况等，以上这些险种的保险计划书大多属于复杂型保险计划书。

而一般分散性业务如车险、家财险、个体工商户财产保险和个人及家庭人身保险等只需独立的保险计划书即可，属于简单型。

二、按设计风格划分

保险计划书还可分为制式化与个性化两种类型，具体如下页图所示。

三、按险种组合划分

就保险计划书而言，还可分为险种组合计划书和单险种计划书，险种组合包括不同主险的组合，也包含主险与附险的组合；单险种计划书往往只涉及对独立险种的保险建议。

第四章
保险计划书设计技巧

制式化计划书：指标准化计划书，往往由保险企业统一包装印刷，对企业介绍和涉及项目板块由企业统一设计

个性化计划书：往往由保险销售员根据客户需求制定针对性强、富于变化的计划书

按设计风格划分保险计划书

 情景再现

我要移民，买保险有用吗

准客户：我马上就要移民去××国了，买的保险还有用吗？

保险销售员：您马上要移民了，恭喜您啊！但是移民与保险并不相互抵触，您到国外去，同样需要保险，像××国那种高医疗费用的国家，如不赶快买个医疗险，万一发生意外，医疗费用将昂贵到您无法承受的地步。

准客户：但是，我去了××国，谁帮我交保费呀？

保险销售员：这个您放心，现在的您，非但不能放弃所有的保险，更应该衡量一下接下来的状况是否需要加保，若是您移民出去，保费可以寄回来交啊，完全不会影响到保障的效力。

保险计划书的设计步骤

【要而言之】

一份好的计划书能体现保险销售员的专业水平，得到客户的认同，激发客户的购买欲望。保险销售员要准确把握保险计划书设计步骤，才能更好地为客户设计保险计划书。

【详细解读】

一、客户资料收集与整理

在设计保险计划书之前，保险销售员可通过与客户的洽谈与讨论，收集和掌握客户的一些资料与信息，包括客户基本资料、财务信息、风险状况、已有保障等，为下一步保险需求分析提供基础。

二、保险需求分析

在掌握准客户基本资料的基础上，要对准客户的保险需求做出合理评估，便于下一步根据不同客户的不同风险特性和需求偏好，推荐真正能让准客户满意的保险产品。

1. 个人和家庭保险需求

个人和家庭保险需求，主要包括寿险和非寿险两方面，具体如下表所示。

第四章
保险计划书设计技巧

个人和家庭保险需求

序号	类别	具体内容
1	寿险	教育费用需求、生活费用需求、退休养老金需求、家庭生活保障需求、医疗费用需求、储蓄保值需求等
2	非寿险	规避因火灾、爆炸、盗窃、抢劫、管道破裂及水渍、第三者责任等风险可能造成的经济损失

2. 企业团体保险需求

企业团体保险需求，具体如下表所示。

企业团体保险需求

序号	类别	具体内容	
1	寿险	员工退休保障需求、员工和干部福利需求、弥补社保不足的需求、留住人才的需求、创造财富的需求等	
2	非寿险	保障需求	财产及其有关利益在发生保险责任范围内的灾害事故时，获得经济补偿的需求
		保险标的	企业财产保险需求、运输工具保险需求、货物运输保险需求、工程保险需求、农业保险需求等

不同的企业团体保险在寿险需求方面是不一样的，具体如下图所示。

"三资"企业：由于国外保险业发展已经相对成熟，大多优先考虑投保一些风险转移的险种，如意外险和医疗险，而不是缴费较高的储蓄养老险种。当然，在满足客户的保障需求后，养老险也可适时推出

国有企事业单位：由于受到思维习惯和观念的影响，他们大都热衷于一些回报率高的储蓄型险种，以此来提高员工福利待遇和单位的凝聚力

股份合作企业：该类企业重大决策由于受董事会、监事会和股东大会的监督，所以它既有着与"三资"企业相同的保险需求，也注重提高员工的福利待遇和企业凝聚力

不同企业团体寿险需求

三、保险组合选择

在科学分析客户的保险需求后，就应该从满足客户需求、以最合理的成本获得最全面的保障、促进销售等原则为客户提供科学的保险产品组合。

保险产品组合方式主要有三种，即主附搭配、功能搭配、不同保险期限或交费期限产品的搭配，具体如下表所示。

保险产品组合方式

序号	类别	示例	备注
1	主附搭配	主险与附加险之间的搭配，如主险+主险、主险+附加险	（1）主险包括终身险、定期险、生死合险、年金险等 （2）附加险包括意外伤害、意外医疗、住院、住院津贴、附加定期险等
2	功能搭配	具有不同功能特性的险种搭配，如保障型、储蓄返还型、投资型产品之间的搭配等	
3	不同保险期限或交费期限产品的搭配	如长期险与短期险的搭配	（1）短期险：财产险、意外险、医疗险 （2）长期险：终身寿险、养老险、健康险

为什么您要把辛苦了30年累积的家产，让别人拿走15年呢？您知道吗？一件事做与不做都是要付出代价的。大部分的资产，总有一天要给人抽掉一大部分，那不是因为您做错了什么，而是因为您什么也没有做，而错就错在这里！

——班·费德文（世界保险泰斗）

第四章
保险计划书设计技巧

保险计划书的设计内容

【要而言之】

保险计划书是了解客户和服务客户的重要方面,作为保险销售员更应了解保险计划书都有哪些内容。

【详细解读】

一、封面设计

保险计划书的封面内容主要包括计划书的名称、客户姓名、计划书的设计人。同时应注明:"本计划书仅供参考,详细内容以正式条款为准。"

二、公司简介

公司简介主要包括保险公司的历史、发展现状和未来展望等内容。

三、设计思路与需求分析

一般保险计划书要包括对客户做需求分析进行说明,帮助客户明确他们的需求,这样便于让客户了解保险销售员的设计思路,并知道这份计划是专门为客户量身定做的,从而使客户产生对保险销售员的信任感和对计划的重视。

 **情景再现**

以红包压岁钱开门

保险销售员：您的孩子这么让人疼爱，过年收了不少压岁钱吧？随着生活水平的提高，压岁钱也越来越多，少则数百元，多则上万元。由于孩子年幼，这笔财富多由父母代为打理，最常见的方式就是存银行。但是随着投资渠道的不断增多，压岁钱可以投放到其他领域，既省心又可获得比存银行更高的收益，且风险也不大。

准客户：我现在是把他的压岁钱专门开了个账户存好。

保险销售员：您真是有远见，您看，我公司专门有一款"××保险计划"，就可以更好地利用这笔钱，将来孩子上大学、就业、结婚都可以"用到。

准客户：那给我看看吧。

四、计划特色

主要介绍该计划书的综合特点和综合保障利益等。

五、保险利益内容

包括保险金额、保险费用、保险期限、缴费方式、各项保险利益的详细说明、效益分析等主要内容。要让客户知道，这份计划究竟能够解决什么问题以及他的家人能够得到什么具体的保障责任。特别是在面对较复杂的企财险、工程险等，鉴于保费谈判有较大弹性，并且保险企业常常会面临同行的价格竞争，为了让本企业的现行费率更具说服力，保险销售员可采用费率比照法说服客户。

六、辅助资料

其他有助于说明此份计划的相关信息、资料、宣传彩页等内容。

七、结束语

适当地加进一些祝词,可以体现对客户的关心或祝福,也可以写一些有关保险的名人名言。

相关链接

个人及家庭保险计划书的设计原则

1. 了解客户情况

保险计划书的设计应该是在了解客户的具体情况,找到客户的需求点和购买点之后,再根据客户的财务状况和实际需求,合理搭配,量身订制。可以通过面谈或问卷调查分析的方式来找准客户的购买点或需求点。

2. 合理搭配保险的责任

确定保险责任的主要根据是客户所面临的风险。在设计保险计划书时,保险销售员要认真分析客户的主要风险和次要风险是什么,然后再确定承保责任。每个人的年龄和职业不同,风险也不同,对保险的需求也不同。

3. 根据客户状况设计适当保费

(1)保费设计应根据客户的收入水平决定,因为保费太高就会给客户的日常生活造成影响,甚至会因此给客户带来交费风险,一般以个人或家庭年收入的15%~20%为合理的保费支出。

(2)保险销售员在设计保险计划时,还应该考虑客户续期付费能力,以确定交费方式。如果客户收入稳定,可设计为年交。对一些经济收入不稳定的客户,如一些个体户和私营业主,经济状况不稳定,这样的客户可以建议他趸交。

(3)如果设计购买的是保障型险种,以收入的5%~10%作为保费就足够了。总体来说,保费要根据不同的客户需求和险种匹配来确定。

4. 先保障后储蓄赢利

保障型的险种花费少,但可以得到很好的保障,获得巨额的赔付。但保障型险种有两个非常关键的问题:首先,核保时比较严格,不容易通过,因为保险公司需要承担很大的风险;其次,在年轻时购买,其保费相对较便宜，随着年龄的增长，保费会大幅增加。

5.夫妻互保

在日常工作中，保险销售员通常是先认识客户家庭成员中的一方，因此许多保险销售员只设计了单方保障的计划书。其实，保险销售员首先应对客户的家庭状况有一个充分的了解，然后以家庭为单位为客户设计保险方案，让夫妻双方互相投保，互为受益人，做一个完整的家庭保障。

6.突出重点

好的保险计划不是面面俱到，因为这样保费较高。所以应突出重点，以客户的主要需求为主。

7.先大人后小孩原则

许多家庭都是以孩子为中心，认为孩子应有点保障。实际上这样做并没有实质性的好处。保险销售员一定要坚持这个原则来为有小孩的客户设计保险计划书，相信明智的家长都会接受这个建议。

8.精美专业、图文并茂

一份精美专业、图文并茂的保险产品计划书，再配以保险销售员准确、生动的讲解说明，能给客户直观可信的感觉。让客户能在这份保险产品计划书上认识到保险的价值，认定保险是解决后顾之忧的最佳途径，从而产生认知感和购买欲，以达到最终促成签单的目的。

名人名言

备者，立身处世之大要也。国有备，则外侮不能侵；人有备，则忧患不足虑。

——吕岳泉（中国人身保险业的首创者）

保险计划书的讲解步骤

【要而言之】▶▶▶

保险销售员对计划书的说明就是为了便于让客户加深对保险方案的认知,并通过保险销售员详细生动的讲解,从而产生购买欲。

【详细解读】▶▶▶

一、确认客户的需求

在说明计划书之前,你可以提醒客户,在以前的洽谈中,客户提出过哪些需求。这样做是为了保证客户的需要与计划书中的内容切实符合,以避免客户因为需要与计划书不符合而拒绝。

二、解析潜在问题

潜在的保险客户一般经济条件较好,身体健康、收入稳定,所以忽视了保险的重要性,但却没有想过万一发生了什么事情,他们的家人会面临什么样的困境。所以,这些情况要通过你的描绘使他能够有切实的体会和警觉,从而引发对保险产品的强烈的购买欲望。

三、提出建议

当客户了解潜在问题后,一般会有一种紧迫感,此时保险销售员可以拿出自己的保险计划书,开始逐页地对保险计划进行说明。

当你将保险计划书上的摘要以这种方式给客户说明之后,客户焦虑的心情通常会放松下来。客户会开始问一些更详细的问题，这时你就可以翻开计划书后面的内容进行具体的介绍，通过说明来解答客户的疑问。

诚实回答客户提出的问题，而且要将他的注意力导入"这些附注对您的好处是……"这样，不但回答了客户的问题，还可以让客户对产品、对保险销售员、对公司有进一步的了解和信任。

 **情景再现**

帮助客户分析产品

"刘先生，我建议的这个寿险产品组合可以这样考虑：如果我出现了不幸身故的情况，至少可以领到60万元的赔偿金，如果是因为意外而产生不幸，那么我还可以领到80万元的意外身故保险补偿，总共可以领到140万元。这样，不但可以还清贷款，家人的生活也可以有个保障，刚才我们担心的问题，就可以解决了。当然，绝大多数情况下，意外情况是不会发生的，那样您就可以连本带利地拿回保金，而且还不用交利息税。"

四、促进成交

当做完这些说明后，如果客户没有再提出异议，保险销售员可以通过前面所讲的推销技巧来进行促成。需要注意的是，拒绝是非常正常的事情，犹如菜市场中的讨价还价。

但是保险销售员要坚信，只要这个客户有购买保险的需要，有能力负担保费，你设计的保险计划确实可以解决他的问题，让他得到满足，他就值得你锲而不舍地去努力。

保险计划书的讲解技巧

【要而言之】

如果仅仅有计划书让客户自己看，保险销售员不进行讲解说明，客户可能不会看你的计划书，即使看了也不会看明白，更不会产生购买欲。因此，保险销售员要学会一定的讲解技巧。

【详细解读】

一、有备而来

保险销售员在拜访客户时，除了要注意穿着、心态调节以外，说明的辅助工具也要带上，比如笔记本电脑。与客户见面坐定后，一定要记得做好一件事情：把所有的相关资料和工具都拿出来，千万不要需要什么再从包里拿，这样会严重影响或打乱讨论的节奏和顺畅感，也会使你显得手忙脚乱、信心不足。

二、讲解内容简单化

一份综合保险计划或者一个家庭保险套餐涉及的内容非常多，对于不太了解保险的客户要在短时间内将所有内容完全消化吸收很困难，这就要求保险销售员能够主次分明，选择出最主要、最关键的需求点进行充分的讲解，而另外一些只要作简要说明即可。

三、数字功能化

要善于改善环境，将枯燥的数字描绘成美丽可及的画面，把"钱"变成能解决实际问题的工具。

对于那些用来辅助说明的数据资料要了解清楚，比如储蓄、股票、债券等数据要真实可信，标明时间点和出处，这样才能成为保险计划书的有利佐证。

四、解说生活形象化

为了让保户更好地理解保险产品，了解保险的作用和保障功能，保险销售员要尽量避免使用专业术语，而用生活化、口语化的语言形象地表达。有时要使用与客户生活息息相关的例子来辅助说明，以加深客户的印象，使他们产生美好的想象。

五、业务熟练化

保险销售员应对保险条款、保险费率、服务流程、其他公司同类产品等情况非常熟悉，这样才能在客户面前呈现专业、权威的形象，也只有显得很专业，客户才会放心地购买。

在说明的过程中，尽量不要与其他公司的产品进行比较，如果保户特别要求，保险销售员可以这样介绍。

"每家保险公司的保险产品在保险责任上会有不同的侧重点，因此不可能有完全相同的产品。但同类型的预订利率差别不大，也可以说基本相同。所以对消费者来说，选择最适合自己的保险才是最重要的，我们现在介绍的产品组合，就是根据您的切实需要特别设计的。"

六、避免忌讳用语

中国人向来比较忌讳伤残、大病、死亡等词汇，所以保险销售员在对计划书进行说明的时候要尽量避免这样的字眼，而选择比较温和的词语来替代。

在实在回避不了的时候，也千万不要说"你""您""他"这样的字，不要说："您如果伤残了可以获得赔付多少。"而要用"我"这个词。比如，"如果我出现这种情况……"。

七、保持耐心和微笑

在说明的过程中始终保持微笑,努力创造一个轻松愉快的环境,消除客户的紧张感觉。面对客户的疑问要有足够的耐心,不能有不耐烦的表情,特别是当客户对某一个问题反复提问的时候。

当客户对某一问题反复提问的时候,表明他对此问题的关注程度高。而且作为保险销售员要记住,当客户针对某一问题讨价还价的时候,就意味着他要付钱了。

另外,在实践中可以适当地赞扬客户提出的问题,以给他更多的信心。

比如,"从您提出的这个问题就能看出您对财务方面真有不少研究""您可真是一个细心的人"等。

八、确定客户完全了解了保险内容

在说明的过程中要经常询问客户对刚刚讲过的内容是否真正地了解,要保证你的客户真正了解了保险计划的内容,如果有不懂的地方要重新给他讲解一遍,加深他的印象。

 情景再现

保险计划书的讲解话术

情景一:向客户讲解"保本增利"产品

"我们公司为了满足广大用户的理财需求,特别在国庆期间,回馈客户,推出了一款集养老、保障、理财于一体的分红型新产品,名字也好听,就叫'×××'(一边说一边用手指向×××三个字,加深印象)!就是祝福您家的日子年年都红红火火(真诚地看客户,祝福的目光)!这种理财方式的特点就是保本增利(一边说一边用手指点向'保本增利'四个字)。保本增利,就是自打缴纳第一笔保费开始,您就有高额保障了,买保险不就是为了买保障吗?而且与别的产品比,花一样的钱,得双倍的保障。便宜、实惠、更踏实!本,就是满期时本金保证返还,辛苦挣钱不容易,安

全第一。增，就是保险公司每年给您分红，分的红年年增长，让您的保障也越来越高。利，就是利益的增长，在有保障的同时，还能让您的钱'生钱'。您看这四大特点，还不错吧？（话语真诚，面向客户）"

情景二：向客户讲解可获得的利益

"张姐，为了让您更进一步了解这款产品，这里正好有份保险计划书，被保人与您年龄相仿，给您讲一下：35岁的女士为自己每年缴××元，缴××年，共缴××元。她将获得以下利益：首先在她55岁时可一次性领取××元，可以作为养老金或子女婚嫁金的补充（保本）；其次在这20年中，她将拥有基础保障××元，如果因为意外事故的话将获得最少××元的保障金，这就像把'保护伞'一样，能够保护她的家人（保障）；更重要的是她每年还可以参与公司的分红，（红利）身价将随同年龄一起增长，最高将获得××元（增额）。"

情景三：向客户讲解养老分红型产品

"艾先生，上次您说起对今后的养老与医疗感兴趣，我回去根据您的情况为您量身订作了一份保险计划，这份计划一共拥有高达××元的保障。在今后的三十年中，如若一年以内有重大疾病的话，公司将补助××元的医疗补助金；若一年以后有重大疾病的话，将一次性给付××元。仅凭医院的诊断证明等相关材料即可领取。先拿钱，后看病。在这三十年里，您还将拥有高达××元的人生意外保障，为家人撑起一把'保护伞'。当然，我们都希望我们的一生都平平安安。等您六十岁时，我们将会一次性给付您××元外加三十年累计的年度红利和我们特有的终了红利，作为您的养老补充金。按中等红利测算都有××元。这样一份长达30年，高达××元，最后还有一大笔养老金的财务规划，一天只需××元。您说是不是很便宜？您看对这份计划您还有什么需要了解的？"

保险销售从入门到精通
从目标到业绩的高效销售技巧

第五章
客户沟通接洽技巧

导言

由于保险销售的是无形商品,是一种对未来美好生活提前规划的理念,这就更需要保险销售员与客户做好沟通,只有这样才能打开客户的"心门",赢得签单的机会。

销售冠军成长记系列

本章导视图

- 客户沟通接洽技巧
  - 观察客户购买意向
    - 通过坐姿观察
    - 通过表情观察
    - 通过视线观察
    - 通过动作观察
    - 通过语言观察
  - 认真倾听客户意愿
    - 积极倾听
    - 有效倾听
  - 正确提问获取信息
    - 开放式发问
    - 清单式发问
    - 假设式发问
    - 重复式发问
    - 激励式发问
    - 封闭式发问
  - 营造和谐交谈氛围
    - 鼓励客户参与
    - 寻找共同话题
    - 引导准客户产生自我价值感
    - 巧妙运用幽默
    - 学会恰当赞美
    - 融入准客户生活
    - 善于转移话题
  - 销售洽谈讲究技巧
    - 充分准备洽谈内容
    - 洽谈前快速检查
    - 正确介绍自己
    - 掌握先机
    - 与决策者打交道
  - 产品介绍清晰明了
    - 说明要求
    - 说明技巧
  - 有效化解客户拒绝
    - 直接化解法
    - 逆转化解法
    - 区别分解法
    - 迂回化解法
    - 追问化解法

第五章
客户沟通接洽技巧

观察客户购买意向

【要而言之】

保险销售员应该注意观察准客户，来判断其是否有意购买保险，主要通过准客户的坐姿、表情、视线、动作、语言五个方面来进行观察。

【详细解读】

一、通过坐姿观察

（1）准客户与保险销售员坐的位置越靠近，表明态度越友好；而落座的位置越远，对保险销售员的抵触情绪就越大。

（2）准客户逐渐向保险销售员靠拢，表示正逐渐接受保险销售员。

（3）准客户坐在对面是想让保险销售员了解他。

（4）坐在旁边突然扭转身体面朝着保险销售员，可能是表示对保险有不解之处，也可能是表示对保险有新的兴趣。

二、通过表情观察

准客户不同的表情，可以看出其真正的意图，保险销售员需要注意各种细节，一般主要会有以下三种情况，具体如下图所示。

准客户不同表情的意图

三、通过视线观察

（1）准客户的视线没有对准保险销售员，这说明对保险毫无兴趣或毫不在意。

（2）如果准客户先移开视线再与保险销售员说话，可能对保险销售员有厌恶的情绪。

（3）如果双方正在说话，准客户有时会突然垂下眼睛，表示准客户沉浸在思索中，正在整理自己的思路。

（4）准客户抬起眼睛并再度有规律地眨眼，这个信号可以认为是成交信号。

四、通过动作观察

（1）准客户如果将背朝着保险销售员，是表示强烈拒绝的态度。

（2）把手放在头上或用手敲头，表明对保险有关问题进行深入的思索。

（3）如果放在头上的手不停地动着，表示思考不下去。

（4）双方交谈中，准客户盘起腿，是想向保险销售员表示自己处于优势。

（5）准客户的手不停地在口袋中进出，表示他想松弛自己的紧张情绪。

（6）准客户请保险销售员抽烟或喝茶，表示接受了保险销售员或接受了保险宣传。

五、通过语言观察

保险销售员可以通过准客户的语言来判断其是否有购买保险的意图，具体如下表所示。

准客户语言信号

序号	类别	暗指含义
1	频频表示"我知道"	不愿听保险销售员说下去而又不好意思直接表达时,实际上是一种委婉的拒绝话
2	滔滔不绝	不满才喋喋不休
3	表示不满	不便批评保险的服务及保险的其他问题,只好转而批评第三者如社会保险、银行储蓄等,以发泄不满
4	话题转移	(1)完全不小心,不知不觉地将话题扯远 (2)一时心血来潮,突然联想到他得意的事 (3)故意改变话题,不愿意再谈关于保险的事
5	特别和善	(1)比较容易推销的对象 (2)拒绝购买保险的信号

 **情景再现**

我已经买过保险了,还需要再买吗?

准客户:那我买了这份保险之后,还需要再买吗?

保险销售员:我也不能保证这样的保险就可以适用您一辈子,因为过几年后,您生意不断扩大,地位也更显著,这份保险恐怕不能满足您未来的需求了,到时候还需要再评估保险与您的关系,重新做一个合理的调整。

准客户:但是,我还是有一些不明白。

保险销售员:可以这么说,随着时代的进步,没有足够的保险,只不过比没有保险好一点而已。试想一下,现在有能力时多缴些保费,等退休后每隔几年就有一大笔钱回收。这对您来说,不是更有保障吗?

认真倾听客户意愿

【要而言之】

在整个销售沟通的过程中,客户不仅只是被动地接受劝说和聆听介绍,他们也需要表达自己的意见和要求,还需要得到销售人员的认真倾听。

【详细解读】

一、积极倾听

作为保险销售员要想成为一个好的倾听者,可以从下图所示的几个方面入手。

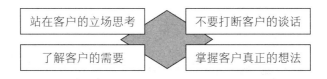

积极倾听的要点

1. 站在客户的立场思考

每个人都有自己的立场及价值观,因此,保险销售员必须站在客户的立场,仔细地倾听他所说的话,不要用自己的价值观去评判别人,体现对客户的尊重。

2. 了解客户的需要

站在客户的立场倾听其需求,适时地向客户确认自己所了解的是否是他的想法,这种专注的态度能激发客户表达真实的想法。只有让客户充分表达他的想法以后,才能更好地满足他的需求。

第五章
客户沟通接洽技巧

3. 不要打断客户的谈话

在倾听过程中，保险销售员不要插话，也不要打断客户的谈话。保险销售员如果打断客户的谈话，就会引起对方的反感。

4. 掌握客户真正的想法

客户通常都不会把真正的想法告诉保险销售员，他也许会用借口或不实的理由搪塞或不愿说明真实原因，因此，保险销售员必须尽可能地把握客户真正的想法。

二、有效倾听

保险销售员在与客户沟通过程中，要想做到有效倾听，应注意以下事项。

（1）让耳朵保持畅通，用耳朵听，放下手中的工作，双手交叉放在膝盖上，坐直，不要弯腰驼背；身体稍向前倾，以示专心；表现出全神贯注地听的表情。

（2）当客户笑时保险销售员也要笑，生气时保险销售员也要表示生气；同意时保险销售员也要表示同意，表现出完全进入了客户所讲的内容里面。

（3）摒除偏见，心平气和、心无成见地聆听；不要插嘴，那会打断客户的思绪，引起不快；还没听客户说完不要太早下结论。

（4）用行动让客户知道有人在听他说话。用眼神接触并发出聆听附和声。

（5）注意与客户的目光交流，不要讨论，对较重要的话做好记录。

（6）在每句话中间思考，应随时利用间隙将讲话人的观点与自己的观点比较，回味说话人的观点、意图，预想好自己将要阐述的观点和理由。

（7）聆听弦外之音，暗示的事比明说的事还要重要，要真诚地鼓励和帮助客户寻求解决问题的途径，出现冷场可以接着客户所说的内容，用"为什么""怎么样""如何"等疑问句发问。

（8）提出问题以确定了解客户所说的话或表达的意思；要注意总结、概括、重申客户讲话中对自己有利的一面。

（9）不要太在意客户话语中错误或偏激的观点，要使自己的思想尽力维持"中立"的原则，不因自己的好恶影响客户。

（10）谈话时心里想的应该是解决问题的办法，不要渲染问题。保险销售员应当是一个以解决问题为导向的听众。

正确提问获取信息

【要而言之】

其实，倾听不仅需要听，关键时候也需要提出问题，因此必须掌握正确的发问方式，以此获取更多信息。

【详细解读】

一、开放式发问

能够给予对方发挥的余地，讨论范围较大的问题以便获取信息。即使你不想要答案也要提问，这样可以使你借此观察对方的反应和态度的变化。

常用词语有：谁；什么时候；什么；哪里；为什么；怎么样；请告诉我。

比如，"您想这为什么会发生呢？""您认为有什么其他的原因吗？"

二、清单式发问

提出可能性和多种选择的问题，目的在于获取信息，鼓励对方按优先顺序进行选择。

比如，"目前，您不看好这款产品的理由是什么呢？觉得保障额度不够？收益不大？保费不合理？"

三、假设式发问

让别人想象，探求别人的态度和观点。目的在于鼓励对方从不同角度思考问题。

比如,"假设我们事先考虑了这个问题,结果会怎样?"

四、重复式发问

重复信息以检验对方的真实意图。目的在于让对方知道你听到了这样的信息,并检查所得到的信息是否正确。

比如,"你谈到的想法是?""你刚才说的是?""如果我没有听错的话?""让我们总结一下好吗?"

五、激励式发问

目的在于表达对对方表达的信息的兴趣和理解,鼓励对方继续同自己交流。

比如,"您说的是……这太有意思了,当时您是……""这刚才提到……真是太有挑战性了,那后来……""这太令人激动了……您可不可以就有关……"

六、封闭式发问

目的在于只需要得到肯定和否定的答复。常用的词语包括:是不是;哪一个;或是;有没有;是否。

比如,"过去是否发生过类似的情况?""对于这两种方案,你更倾向于哪一个?"

对于一个愿意帮助他自己的人,没有比购买保险更好的办法。没有希望的地方,就没有奋斗,也就没有保险。

——约翰逊(美国前总统)

营造和谐交谈氛围

【要而言之】

沟通需要氛围,这种氛围,与人的心理感受息息相关。保险销售员在与客户沟通时,要善于营造沟通氛围,使客户进入一个良好的沟通状态。

【详细解读】

一、鼓励客户参与

在与准客户交谈时,保险销售员应该表现出有兴致和赞同的态度,使准客户有一种被认同的强烈感受。这时,应该鼓励客户多说,如果想使客户进一步敞开胸怀,就多给予同情、理解和共鸣感,让准客户知道,你是在设身处地地为他着想。

二、寻找共同话题

在与准客户的初次接触,可以通过"拉家常"的方式进行交谈,尽量选择轻松的话题或准客户感兴趣的事情,耐心倾听准客户的谈话。

对于初次见面或者是不够熟悉的客户,保险销售员可以选择一些共同话题。一般公共话题,如气候、新闻、时事、运动等,大家都知道,并且易于交谈。

1. 气候

"气候"是最易于交谈的话题,因为人人都可以感受得到。以"气候"为话题,一般是在天气出现显著变化的时候。

比如,刚入夏天气骤然变热的时候,冬天下第一场雪的时候,出现罕见沙尘暴天气的时候等。

以天气为话题时，开头语通常是："今天天气真不错啊""这几天又升温了，真热啊""好久没有下雨了，感觉很干燥"之类的。

2. 新闻

以"新闻"为话题交谈的对象一般是老客户，或者近期有热点新闻的时候。可谈的新闻很多，如果知道客户的喜好那是最好不过了，可以谈谈客户比较关注的新闻。

比如，客户爱看NBA（美国职业篮球联赛）比赛，就可以谈谈昨天的球赛，尤其是客户喜欢的球队、球星；如果客户喜欢汽车，则可以谈谈最近看到有什么好车之类的。

如果不知道客户的喜好，你就要小心一点，最好先试探性地提及，如果客户不感兴趣，就赶紧停止该话题。

以新闻为话题时，开头语可用"昨天央视一套直播……""我刚刚听说……""哎，××又开始比赛了，脚伤应该恢复了……"等。

相关链接

与客户交谈应避免的话题

在与客户交谈中需要避免以下话题。
（1）有关政治及宗教方面的意见，以免发生冲突从而影响沟通。
（2）客户不知道的知识，以免让客户感觉保险销售员轻视自己。
（3）不景气的消息，可能影响客户的购买欲。
（4）说同行竞争者的坏话，会显得欠风度。
（5）对上司、同事、公司的不满。
（6）其他客人的秘密，以免显得自己不能保密。
（7）易被拆穿的吹牛，显得轻浮，进而导致客户的不信任。
（8）如果客户是女士，就避免涉及身体及容貌的话题，否则容易得罪对方。

三、引导准客户产生自我价值感

对于保险销售员来说,语言是引导准客户产生自我价值感的关键问题。通常一个人不是在所有人面前都能够产生自我价值感的。当没有自我价值感的时候,他所表现出来的状况通常是寡言少语,这个时候不容易有很好的沟通效果。准客户的这种感觉可以通过保险销售员的引导,结合他自己的心境产生。

四、巧妙运用幽默

幽默可以拉近保险销售员与准客户之间的距离,达到意想不到的效果。

在拜访准客户的过程中,保险销售员如能巧妙恰当地运用幽默,可以使紧张的气氛变得缓和,严肃的话题变得轻松,棘手的问题也就迎刃而解了。

五、学会恰当赞美

作为一名保险销售员,要学会发现美、寻找美,养成赞美别人的习惯。在沟通中巧妙地运用赞美,将会事半功倍。

六、融入准客户生活

如果到准客户的公司,他正忙着,手上有一叠文件要打印,这时可以帮忙。如果在他家里他要倒水给保险销售员,这时保险销售员可以说:"不用客气,厨房在哪里?我自己来。"这些技巧在拜访时往往会收到意想不到的效果,但需要善加运用。

七、善于转移话题

当准客户的兴趣减弱,只是重复一些没有新意的内容的时候,保险销售员就应该换个话题了。转移话题方法很多,比如可以停止谈论旧话题,沉默片刻,让其他人谈一些话,从中引出新话题;在谈话中断后,再谈一些有关旧话题里涉及的问题,或直接转移话题。

 **情景再现**

朋友叫我别买保险

准客户:"我朋友说不能买保险。"

保险销售员:"好啊!不过是不是请您的朋友到您府上一趟,我要当着您和他的面告诉他,是他叫您不要买保险的,我可以同意不办您的保险。"

准客户:"这样不好吧,没那么夸张。"

保险销售员:"当然是开个玩笑了,我希望他也能同意一件事,就是他收下您原来要买保险的这些钱,然后拿出白纸写下一些保证的事情,保证您今年的安全由他负责;保证如果您有任何意外由他负责赔偿;要是因生病或自然因素导致的生命事故,他最少要赔200万元,意外身故他要赔偿400万元,意外及生病的医疗费用由他支付;发生癌症除了医疗费用外,并补助每天的营养费;太太、小孩的疾病医疗及意外统统由他负责;还有,意外造成工作停顿时,收入的损失也要由他补偿。"

准客户:"他肯定不可能给我那么多赔偿了。"

保险销售员:"那就对了,因为他是您的好朋友,是他要您不买保险,作为好朋友他也一定很关心您和您家人的安全问题,如果他愿意代替我们承担这些责任,那么请他收下这10万元,并给您承诺,好吗?"

销售洽谈讲究技巧

【要而言之】

保险销售员在与客户洽谈中,对洽谈内容需要做好充分准备,在洽谈前快速检查、正确地介绍自己,以掌握销售先机。

【详细解读】

一、充分准备洽谈内容

保险销售员拜访保险客户前,需要仔细思考,准备充分,把所有的销售要点认真检查一遍。保险销售员需重点检查的内容如下。

(1)是否清楚自己将要向客户销售的保险产品具有哪些优点和特性。

(2)该产品能为客户带来哪些好处,拜访的客户性格特征如何。

(3)应采取何种方式来切入主题等,只有深思熟虑后运用适当的技巧才能使推销顺利进行。

在进行保险销售之前和在此过程中,保险销售员一定要充满信心,充分调动自身的一切积极因素和影响力,保持良好的精神状态,调整好情绪,采取客户易于认同的方式来打动客户。

二、洽谈前快速检查

当保险销售员来到客户的办公室前,要做好最后一次的快速检查。

（1）迅速回忆一下每一条销售的要点。保险销售员最好把要点写在客户的目录卡上，在交谈前快速地浏览一遍。

（2）设想一下将要面临的询问和回答方式与语言。

（3）考虑客户将要提出什么意见或疑问，自己应如何解决。

（4）准备为客户解决哪些问题，最后的洽谈底线是什么。

（5）准备如何开头与如何结束。

通过对上述五点进行准备，保险销售员将能做到心中有数，临阵不慌，才能使拜访成功。

三、正确介绍自己

保险销售员在第一次拜访时，应该清楚所找的谈话对象，并对所接触的人表示友好，如对门卫微笑示意、对秘书热情有礼，这样才能在一个融洽的环境里开始自己的销售，使气氛有利于开展工作。另外，保险销售员要经常使用名片，名片的外观要精致大方，以引起客户的注意。

四、掌握先机

保险销售员在和客户洽谈业务时，应该掌握主动权，抓住时机，不能让客户掌握主动，否则会很被动。

在洽谈一开始，开门见山地讨论客户的问题、需求与愿望，是一种直截了当的销售方法，既节约了时间，又有利于工作的进行。当然，在与一些老客户打交道的时候可以适时适境地进行闲聊，但要注意慢慢将谈话重点向拜访目的倾斜，从而最终达到自己的目标。

从夫妻感情切入话题

保险销售员：钱先生，你们夫妻感情这么好，真让人羡慕！

准客户：哪里？

> 保险销售员：不晓得您有没有承诺过要照顾对方一辈子？
>
> 准客户：当然有。
>
> 保险销售员：如果您要保证实现自己的承诺，您一个月可以拨出多少预算？500元怎么样？如果一个月500元，我就可以为您设计一个20万元的保险，您觉得怎么样？我这里正好有一份类似的计划书，您要不要看一下？

五、与决策者打交道

在保险销售过程中，与无权做出购买决定的人进行洽谈是浪费时间。因此，当保险销售员在销售过程中多次与客户交流，并没有被明显拒绝，但却被种种理由阻隔而无法成交，那就说明你拜访的是一个无权进行决策的人，此时应该马上找到有决策权的人进行洽谈来达到目标。

当然，保险销售员在销售过程中一旦遇到此类人物，也不能掉以轻心，不能因此而轻视对方，因为他可能对你进行介绍和促成，从而使你的交易更加轻松；反之，一旦他感到你的轻视，很有可能采取手段对你的交易产生障碍。

保险销售员通过以下几种方法，能够鉴别客户是否真地具有购买决策权。

（1）请客户签合同。只有真正的决策者才有权签订合同，如果客户不签，一般会告诉应找谁。

（2）询问客户以前如何购买保险，如果他说不清楚，则可能不是决策者。

（3）询问客户或公司购买保险预算情况，如果以商业机密为由推托，则很有可能其不是决策者。

（4）出示保险单，询问客户还有谁应该看到这份合同，以此了解决策情况。

（5）向这家公司的其他人询问谁是真正的决策者。一般来说，公司秘书是最好的询问对象，他们常常与公司的决策层打交道，知道谁是决策者。

产品介绍清晰明了

保险销售员需要做好保险产品说明,因为保险产品说明是准客户了解保险最重要的方式,对于不太关心保险,或对保险存在误解,或是对保险一无所知的准客户,保险产品说明就尤其重要。

一、说明要求

保险产品说明的要求具体如下表所示。

保险产品说明的要求

序号	要求	具体内容	备注
1	内容完整	在说明产品前,要准备好说明稿,并倒背如流	(1)保险资料要摆在准客户的正前方 (2)在资料重点处画线,并用笔指引,尽量不用手指 (3)每一份资料配合一段话 (4)几份同类资料变成一串资料 (5)练习一边说话一遍翻资料的熟练动作
2	确定准客户完全理解说明内容	在说明的过程中要不时地询问准客户"我不知道刚才这一段我说清楚了没有?"要证实准客户真地了解了保险内容	
3	微笑与耐心	(1)始终保持微笑,创造一个轻松愉快的环境,消除准客户的紧张感 (2)面对准客户的疑问要有足够的耐心,解说时要用不急不慢的语气	

续表

序号	要求	具体内容	备注
4	说服力	适时地举例，使用比喻。使用较为生动的语言以及准客户熟悉的人物及事件，生动、具体、形象地把有关保险的知识表达出来，以便于准客户理解，并激发其购买欲望	（6）不要把条款太早推到准客户面前，因为会让其不知从何看起，从而降低对某一险种的兴趣
5	禁用忌讳语	中国人比较忌讳赤裸裸地谈到伤残、死亡、大病等情况，所以，说明计划书时应尽量避免使用"你死了以后"或"伤残了"等	
6	内容简单	一份综合保险计划涉及的内容非常多，要在尽可能短的时间内，将所有内容完全讲清楚有一定的难度，只陈述重点	
7	善于使用数字	要善于将枯燥的数字说得生动，变成真正有说服力的东西	
8	用语口语化	尽量避免使用专业术语，采用生活化、口语化的语言来说明，增强准客户的联想与印象	
9	熟悉专业知识	对保险条款、保险费率、其他公司的同类产品等情况要非常熟悉，以建立保险销售员在准客户面前的专业人才形象，只有表现得专业，准客户才会放心地购买	
10	自信	保险销售员的自信心可以影响准客户对保险销售员的印象和对保险产品的信心	

二、说明技巧

1. 结合资料

（1）公司宣传资料。保险销售员可以利用公司统一印刷的宣传资料向准客户展示，阐明某一险种的各项利益、期限、保费等内容，说明其特点。以最通俗的语言，让准客户明白拥有这份保单将有哪些利益。

（2）其他资料。其他资料主要是图表、剪报、计划书，其优点如下表所示。

图表、剪报、计划书的优点

序号	类别	优点
1	图表	把保险和其他金融工具用图表加以展示、比较，让准客户对保险的功能、长处有一种感性认识
2	剪报	利用最近的新闻或资料制成剪报，说明保险的重要性，唤起准客户的需要
3	计划书	对已熟悉保险的准客户，制作专门的计划书，把推荐的险种和要求一一对应起来，逐一加以说明

2. 切入准客户需求

说明保险产品的主题，究竟是要从主险开始，还是附加险开始，这完全视情况而定。如果客户的购买点是储蓄，那么可能要从主险谈起；如果购买点是疾病，就可从医疗开始谈起。

3. 巧用便宜概念

很多保险销售员有过这样的经历，一些准客户只要听说到"60万元"，一年要6万元或半年要3万元，就会神情紧张，但如果听到"每天190元"他们就比较容易接受。所以谈到钱的时候，不要给准客户带来压迫感。虽然事实上是一样的，但听起来感受却大不相同。

4. 突出功能

突出保险计划书的功能，淡化保险费金额的大小。

5. 提供凭证

保险销售员要使准客户接受和相信自己的说明，还需要拿出一些证据，比如一份合格证或荣誉证书，一张满意保户的名单，一本装满感谢信的文件等，这都将有助于准客户对保险销售员及公司产生信任。

6. 把握好语速

针对准客户进行产品说明时，用声音的轻重缓急来达到一种介绍的效果。好的语言速度能够创造出魅力，做到介绍清晰具体。在适当的时候，还要有一定的停顿、解释，留给准保户一个让其发问的时间，然后再解答他的疑问。

7. 重复优点

在准客户第一次听到产品的优点时，可能还没完全领会到，也可能没完全听清。这时候，采用不同的说法对产品优点进行多次介绍，在一定程度上冲淡客户的其他顾虑。

8. 灵活运用转接语

（1）巧妙地转到下一个话题，使准客户无形中跟着保险销售员的思路思考问题。

（2）不会因解说中断而造成冷场。

9. 权衡利弊

为了促成交易，必须从准客户的利益出发，帮助准客户权衡利弊。可以采用下列办法。

（1）采取适当的手段加强准客户的危机感和压迫感，使其产生购买欲望。

（2）抓住准客户所关心的问题，详细阐述，使准客户权衡利弊后做出选择。

（3）强调售后服务，强调建立长期合作关系的重要性，使准客户对公司及销售人员产生信赖感。

10. 创造再访机会

保险产品的推销并不是一次就能成功，产品说明是为进一步的沟通做必要的工作，但并非立竿见影，保险销售员应意识到，保持良好的心态是必须的。在说明过程中应努力创造再次面谈的机会。

第五章
客户沟通接洽技巧

 **情景再现**

提出登门拜访的要求

准客户:"我的太太很节俭的,怕她不会答应。"

保险销售员:"××先生,尊重您的太太确定非常需要,可是这要看看您对保险的看法如何,如果您认为这是非有不可的东西,当然您会以很郑重的态度分析让其了解,甚至考虑到她万一需要用到时的处境。如果您现在可以用一点点的代价,为太太买一辈子几百万元的生活安定基金,但您和她商量后她不喜欢,难道您就可以不买了吗?"

准客户:"可是我还是要和她商量一下,尊重她的意见。"

保险销售员:"女人有时候比较节俭,对于一个不见得马上可以看到利益的东西,总是比较犹豫,有时甚至认为反正以往没有保险都过了,现在又何必买?这些钱拿去做别的投资,或许可以享受更大的利益。××先生,当您太太有这种想法时,您又该怎么办呢?"

准客户:"是吗,很多事情当然我也是需要慎重考虑的。"

保险销售员:"不如这样吧,等您和您太太研究后发现问题时再找我讨论的话,太浪费你们的时间了,干脆今天晚上我到府上,我们一起研究,相信嫂夫人也会赞同的。××先生,您看几点比较方便?晚上8:00还是9:00?"

 美国保险所完成的各种服务对增进我国自由的传统助益良多。

——肯尼迪(美国前总统)

有效化解客户拒绝

【要而言之】

任何推销活动都会遇到客户这样或那样的不同意见，可能是反对意见，甚至是直接拒绝。作为一名优秀的保险人，应该善于思考，洞察秋毫，找到真正被拒绝的原因，并找到化解方式。

【详细解读】

一、直接化解法

直接化解法是指将计就计地利用拒绝。

如果客户说："我不想购买你们的产品！"

那么保险销售员应该说："我理解。任何人在对产品不是很熟悉和了解的情况下，一般都不会直接购买的，不过，我只耽误您3分钟，您就会相信，这是个对你绝对重要的议题……"

此时，若加上其他公司的成功例子更有效果。不逃避拒绝，销售是从被拒绝开始的。

二、逆转化解法

如果客户说："我没兴趣。"

那么保险销售员就应该说："是，我完全理解，对一件谈不上相信或者手上没有什么资料的事情，您当然不可能立刻产生兴趣，有疑虑、有问题是十分合理自然的，让我为您解说一下吧，您看您星期几比较方便呢？"

因此，保险销售员仔细听客户说明，然后逆转地提出自己的建议。仔细考虑其反对的真意，将反对当作质疑，认真应答。

三、区别分解法

对客户的拒绝，仔细作说明，令其接受。

比如，对于"因为价格相同"，可说明："我们会尽心尽力做好售后服务的，请放心。"举出其他同行公司所没有的优点，使其接受。

四、迂回化解法

暂时不管其拒绝，而是讨论别的话题，以此应对其拒绝的方法。抱着热心与自信沉着应对，这就需要保险销售员具备丰富的商品知识，并对商品及自己充满自信。

五、追问化解法

首先，在客户提出拒绝的时候，作为保险销售员第一反应应当是怎样通过提问了解客户拒绝的原因。当然没有一个客户会告诉你真正的原因是什么，但是保险销售员可以通过客户回答问题的侧面了解到真正的原因。

客户："你的这个方案不适合我们公司的情况。"

保险销售员紧接着问："您可以告诉我这个方案的哪些部分不适合你们公司吗？"

保险销售员提出的问题越多，客户回答得就会越多，许多时候，在不知不觉中，你就已经化解了客户的拒绝。当然还是要把握当时的情况，如果一味不停地提出问题，反而会激怒客户。

情景再现

计划书留下，我看看再说吧

准客户："你把计划书留下，我仔细看看再说吧。"

保险销售员："您先看看计划书，我可以等您看完，要研究什么问题，我们一起讨论。"

准客户："那多浪费你的时间，我有空看看就可以了。"

保险销售员："坦白说，一般人把计划书留下来之后，大概再也不会去研究它了，因为现代人都很忙碌，可能一忙，就把这给耽搁下来了。然后有一天在收拾抽屉时，才会发现有这么一份计划书，而且还没有看过呢！您可能因此错过许多可以保护自己权益的机会。"

准客户："不会的，我肯定会记住的。"

保险销售员："假如一个人有心要买保险，可是还要考虑再三，甚至比较再比较，如此一来，万一在他研究期间发生事故，可真是后悔莫及，更何况契约是死的，无法对任何人特别有利，但我却是活的，可凭着经验为您做最好的组合，并且在和您当面详谈后，根据您个人的状况提供最理想的保障。"

准客户："是吗，有些机会错过了是不会再来的了。"

保险销售员："所以您只要抽出一点时间来研读这份计划书，就会发现及了解，这份计划书所带给您的绝不只是白纸黑字，它代表的是让您有美好的未来，足以保障您和家人的生活。所以请不要轻易拒绝，如果您有心了解，请马上处理。"

保险销售从入门到精通
从目标到业绩的高效销售技巧

第六章
客户异议处理技巧

导言

　　顾客的异议或挑剔行为是一种本能的"反射"作用。保险销售员要尽量鼓励客户提出他们的异议，了解他们的真实想法，帮助他们解决心里的疑虑，纠正他们的偏见，使他们做出正确的判断。

本章导视图

客户异议处理技巧

- **辨别异议要分真假**
  - 真异议
  - 假异议
  - 隐藏的异议

- **了解异议要看类型**
  - 因推迟拖延而产生的异议
  - 因偏见误解而产生的异议
  - 因不了解而产生的异议
  - 因投保程序和保险产品本身而产生的异议
  - 因与其他投资活动比较而产生的异议

- **分析异议要找原因**
  - 客户自身原因
  - 保险产品的原因
  - 保险销售员的原因

- **对待异议要表态度**
  - 鼓励客户提出异议
  - 对异议持有正确的态度
  - 认真倾听客户异议
  - 准确回答客户的疑问

- **处理异议要讲方法**
  - 要习惯听"不"
  - 不打无准备之仗
  - 选择适当时机
  - 永远不与客户争论
  - 给客户留"面子"
  - 以诚相待
  - 迅速处理

- **处理异议要按步骤**
  - 倾听客户的异议
  - 对客户的异议表示理解
  - 复述及澄清客户提出的异议
  - 回答客户的异议

- **处理异议要讲策略**
  - 补偿客户异议法
  - 合并客户异议法
  - 重复与削弱客户异议法
  - 转化客户异议法
  - 肢解客户异议法
  - 反问逼退法
  - 引申归谬法
  - 例证约束借鉴法
  - 岔开拖延法
  - 有效比较法

辨别异议要分真假

【要而言之】

客户"异议"是指保险销售员在销售过程中遭到客户的不赞同、质疑或拒绝的言行。保险销售员应认真辨别客户经常提出的异议,对这些异议采取有针对性的行动。

【详细解读】

一、真异议

客户认为目前没有需要,或对保险销售员销售的保险产品不满意。

比如,客户从熟人那里听说保险销售员所在公司的保险产品不可靠。

对于此类"真异议",保险销售员必须视情形考虑是立刻处理还是延后处理。

1. 立刻处理

(1)当客户提出的异议是属于他关心的重要事项时。

(2)必须处理后才能继续进行销售的说明时。

2. 延后处理

(1)对权限外或确实不确定的事情,要承认无法立刻回答,但保证会迅速找到答案告诉他。

(2)当客户在还没有完全了解产品的特性及利益前,提出价格问题时。

(3)当客户提出的异议,后面能够更清楚证明时。

二、假异议

假异议通常可以分为两种,一种是指客户找借口,或用敷衍的方式应付保险销售员,目的是不想将自己的需求告诉保险销售员,或不想真心介入保险销售活动中;另外一种是客户提出许多异议,但这些异议并不是他们真正在意的问题。

三、隐藏的异议

隐藏的异议是指客户并不把其真实异议说出来,其目的是要借此假象达成隐藏异议解决的有利环境。

 **情景再现**

我想买,可付不起保费

准客户:我现在付不起保费。

保险销售员:哦,这样,但有个情况您必须了解。现在经济状况不稳定,若是您的老板因公司营运不佳,制定了一套解困方案——大家一律减薪20%,不愿意接受的人,可以立刻离职。试想,您是要拿微薄的离职金走人呢?还是接受减薪20%的安排?为了小家,您大概还是得委曲求全,而我现在不要您收入的20%,我只要您拿出10%就可以买到足以维护一家人风险的保障,您真的承受不了吗?

准客户:我想买,但是真的是经济上不很允许。

保险销售员:您并不一定要一次就拿出三四万元买保险,您可以化整为零,以年缴来分摊。至于您认为保费贵,我却不这么认为,我认为一个人失去谋生能力,失去太太、小孩的生活费用、教育费、医疗费等,才是昂贵的费用,万一发生事故后,这些费用要留给太太及小孩去承担,甚至转变为债务,谁忍心看到这种状况发生呢?为什么不趁年轻力壮能赚钱的时候,买一份理想的保险呢?

了解异议要看类型

【要而言之】 ▶▶▶

保险客户提出异议的方式与类型多种多样，作为保险销售员必须熟悉客户异议有哪些类型，才能更好地解决客户异议。

【详细解读】 ▶▶▶

一、因推迟拖延而产生的异议

这一类异议在保险销售中出现很多，如要再等一等，再看一看，再比较一下。这是因为，保险产品特征和特性与其他商品有很大区别，其效应很难直观地显现出来。无法给客户以直观的形象或明确的概念，使顾客产生疑虑。因此，客户希望看看身边的人是否有购买者或购买后的效果如何再做决定。

常见的借口有：我还要考虑考虑，我还要和家人商量后再决定，过几天我会给你打电话的，等某某买了以后我再买，等过几年保费降低后再买，我还年轻不急着买保险等。

 情景再现

等老李买了我再买

准客户："我要等老李买了再买吧。"

保险销售员："难道您的决定会比他差吗？还是您做的事业比他小？为什么您不引导他，而让他引导您呢？"

> 如果他不买,您也不买的话,万一您发生重大意外,我指的是万一,他能帮您脱离困境吗?
>
> 您一定是在想,要买大家一起买,买对了对大家都有好处,买错了也不会被笑对不对?"
>
> 准客户:"问题倒不是这个了。"
>
> 保险销售员:"有很多东西可以看别人买,自己再跟进,像汽车、房子、电器用品等,但唯独保险不可以人云亦云,因为每个人都有不同的家庭背景、经济因素、健康状况等,绝对不能用一个模式让大家受用。
>
> 其实,每个人都需要保险,富有的人可靠保险保护他的财产,小康的人可借保险保护他的家人,较低收入的人可借保险使他避免陷入衣食缺乏的地步。"
>
> 准客户:"那我比较适合哪一种呢?"
>
> 保险销售员:"胡适先生说过,保险是为了明天,为了老年,为了家人,绝对不是为别人才投保。所以我今天特地针对您的状况,提供一份适合您的保险计划,希望您客观地了解和投保。"
>
> 准客户:"我看一下你的保险计划吧。"
>
> 保险销售员:"至于您的结拜兄弟老李,只要您把手续办好,我会很诚挚地向他建议,并且依他的状况给他适当的计划书。相信借由您的明智选择的影响,更能使他获益,我也希望除了您和老李投保外,您可以介绍更多的朋友来参保。您一定不会放弃这个机会吧?"

二、因偏见误解而产生的异议

这一类问题往往包含双重的含义:第一,出于对保险销售方式的否定态度;第二,出于对陌生事物的疑虑。

我国实行的直销式保险销售方式,大众的接受需要一个过程。如果不断地接到保险销售员的推销,为了摆脱这种局面,大众就会用一些偏激的反对问题作为拒绝销售的理由,这类问题大多不具有真实性,它们只是大众面对销售的自然反应,只是对陌生事物或反感事物心存疑虑的一种表达方式。

常见的借口有：保险是骗人的；物价上涨，钱会贬值，不要买保险；保险公司倒闭了怎么办；我不相信保险销售员；保险交费容易理赔难；买保险的钱都让保险公司赚去了等。

 **情景再现**

保险是骗人的

准客户："保险是骗人的。"

保险销售员："请问您是不是被骗过，怎么会这样讲呢？"

准客户："是啊，我表姐上次买了一份意外保险，钱交了，可是她生病住院后，你们保险公司就说这不能赔，那也不属于赔偿范围。反正，我算是看透保险了。"

保险销售员："我肯定地告诉您，保险绝对不是骗人的。因为骗人的东西是不会受到法律保护的。您表姐买的保险可能没有附加医疗险，才得不到理赔的。"

准客户："是吗？那你是说是我们自己没有看清楚，是我们的错？"

保险销售员："不是的，是我们保险销售员的失误，没有解释清楚。所以您可以详细地看看我给您的条款。"

三、因不了解而产生的异议

因不了解而产生异议可能是许多客户看待保险的重要方面，如"我有社会保险，不必再买了""身体挺好，没必要买保险""光棍一个，保什么险"等。虽然这些问题都只是事物的表面现象，但从中我们也可以看出，这些问题所表述的，常常是对保险没有兴趣或对销售的婉转拒绝。其实，许多人对保险都抱有这种态度，大多都是因为对保险不了解造成的。

常见的借口有：我身体健康，不必保险；老来靠子女，不需要保险；我已有了社保；我有足够的钱，无须再买保险；给孩子买保险，大人就算了等。

情景再现

我已有社保了,不需要再买保险了

准客户:"我已经有社保了,不需要再买保险。"

保险销售员:"首先,我们需要对社保和保险区别认识,社保是国家强制保险,具有广覆盖、低保障的特点。它的优点在于被保人不用为昂贵的医疗费用担心,但它的缺点在于保障不足,以及退休金额不足老年所用等。"

准客户:"我觉得基本保障就可以了。"

保险销售员:"我想请问您,平日努力工作赚钱的目的在哪里?是不是为了提升自己和家人生活品质?但是您现在只有社保,社保的保障标准是大众化的,对于像您这样身份地位的人来说,又怎么能满足您未来的生活需求呢?

所以有社保后,再参加保险最为合适。只有人寿保险,没有社保,您的保障也不完整。"

四、因投保程序和保险产品本身而产生的异议

这类问题主要是一些实际操作中的技术问题,需要销售人员依照规定灵活处理,如体检、理赔等事项的操作。关于产品,单一产品的保险范围是有限的,需要销售人员针对客户的具体情况,做好保险方案,使保险计划对客户的效用达到最大化。细致周密的计划、站在客户的立场看问题,可以减少客户的顾虑,或使他们在问题提出后能得到很好的解决。

常见的借口有:买保险要体检太麻烦;缴费期太长;据说理赔太麻烦;别家公司的产品比你们好;我要移民,买了保险没有用;每年都要缴费太麻烦等。

 **情景再现**

> **解决因投保程序和保险产品本身问题的话术**

情景一：买保险还要体检，太麻烦了

准客户："买保险还要体检，太麻烦了。"

保险销售员："体检怎么会麻烦呢？健康的身体是赚钱的基本条件，我们都不希望身体有不良情况发生，但有时候很多潜伏的毛病会因疏忽而出现，等到严重时，要花费很多精力、财力及时间去治疗和补救，那才是真正的麻烦。"

准客户："但是我没有时间去体检。"

保险销售员："为了您自己的身体，时间是可以挤出来的。不过人有旦夕祸福，很多情况是我们无法控制及掌握的。就像一部机器用了三四十年，即使不报废，也是毛病多多；一部汽车不细心维护，不要多久很快就会出故障。人的生命力较强，天天在动，所以毛病不会很多，但是要常常保养及维护，定期检查，及早把对人体不利的因素找出来。所以不单是这次体检而已，您应该每半年，最迟一年做一次全身健康检查才对。况且我们提供给您的体检，是不需要花钱的，您只要挪出一点时间就可以了，何乐而不为呢？"

准客户："可以，我看看。"

保险销售员："这也是为自己身体负责的一个机会。而且做了体检之后才买保险，对您更有利，因为最起码自己的身体状况，是经过保险公司同意核准才投保的，所以日后发生事故，必须由您负担的责任又可降低不少。"

准客户："就是，我肯定要为自己身体负责。"

保险销售员："我们中国人很少有体检的习惯，连生个病都只是吃吃药而已，所以往往吃了大亏，才后悔不已，如果可以补救的话也就罢了，否则只有空留遗憾了。我建议您，除了这次体检一定要做之外，以后更要养成定期体检的习惯，才能防患未然。"

情景二：别家公司的条件比你们好太多了

准客户：我看过别家公司的条件，比你们好太多了。

保险销售员：现在有的保险公司的费率都是根据生命表计算出一个数据，再依每家公司的利率、费用率、死亡率，算出各险种、每个年龄的保费，计算好之后再送到监管单位审核，所以基本上不可能有太大的差别。

准客户：是吗？

保险销售员：有些公司做出较高的承诺，往往是存在风险的，我相信您也能够理解。至于我为您承办的保险，完全是按照您的状况设计的，内容不但符合您的需要，也考虑到长远的目标，没有高估红利，分红时才不会让您失望，这是一张真正的好保单，怎会让您吃亏呢？

五、因与其他投资活动比较而产生的异议

这类异议常常出现于一些投资型保险，提出异议的客户也多半是有投资经验的人。要处理好这些问题，就要求保险销售员有丰富的知识，更多地掌握金融、投资、法律、税制等方面的知识，使自己真正成为客户的金融保险顾问。

常见的借口：我宁可把钱存在银行；我要去炒股，赚得多；买国债是不错的投资，比保险好；通货膨胀太厉害，不划算；我可以存钱养老；房地产是最稳当的投资等。

 **情景再现**

钱会贬值，买保险不划算

准客户："物价上涨，钱会贬值，买保险不值得。"

保险销售员："没错，钱可能会贬值，投保时预计未来可领回的钱在这种情况下会较没价值，但您不要忘记您所缴的钱会跟着贬值，保险公司不会因为通货膨胀而调高您的保费，所以比较之下您不会吃亏，而且还可能赚到好处。"

准客户:"不是吃亏与赚钱的关系了。"

保险销售员:"保险是反映一个人的价值和身份,所以当您的保额因通货膨胀等缘故,使得价值跟不上身价时,应该自己再加保,以符合需要。所以不要认为买了一张保单就可以使用一辈子,这是很危险和不切实际的。"

准客户:"我听说保险有储蓄的功能。"

保险销售员:"您对保险还是有一定了解的,当然保险的功能也不只是储蓄而已。试想一个家庭因一家之主突然撒手而走,没有留下足够的生活费用时,他的家人一定很渴望有一笔钱去应付面前的开销,而此时,不管是多是少最重要的是能见到钱。"

准客户:"那是,我不希望有那样的事情发生。"

保险销售员:"当然,我们都不愿意看到,但是,我们可以做好应对一切的准备。保险理赔金就是一笔可以保证的钱,假如没有特殊的状况,通常这笔预定金额可以在被保险人出事后,很快送到受益人手中。"

准客户:"是吗?"

保险销售员:"这和其他财产不同,其他财产的价值往往不易掌握;而且除了保险金外,财产都要接受课税。因此拥有一张和财产相匹配的保险,才能使财产不致因外在因素而贬值。事实上,最怕贬值的东西其实不是保险或财产,而是一个人的能力。当能力受损的时候,才是他生存受威胁最需要援助的时候。保险的助力,或许就是他力图振作的最好资本!"

分析异议要找原因

【要而言之】

保险销售员在与客户进行沟通时，需要了解客户产生异议的主要原因是什么，才能针对问题找出解决异议的方法。

【详细解读】

一、客户自身原因

由于客户自身原因产生异议的类型如下图所示。

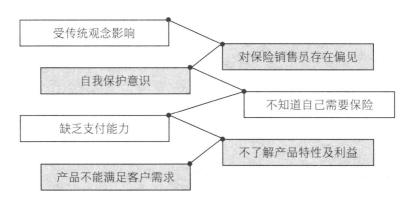

由于客户自身原因产生的异议

1. 受传统观念影响

（1）"老了自有儿女养"，这种落后观念使得很多人认为买保险是浪费钱。

（2）"生死由命，富贵在天""是福不是祸，是祸躲不过"等陈旧思想使得很多人相信命运是上天的安排。

（3）不少人依然存在着严重的依赖意识。

（4）人们长期以来习惯把手中的闲钱存进银行。

（5）有的人自认为比较富有，感到不需要参加保险也能确保自己和全家的生活过得无忧无虑，美满幸福。

情景再现

养儿育女就是保障，还买什么保险

准客户："我有孩子，以后老了有他们照顾，没必要买保险的。"

保险销售员："是吗？养儿防老确实是老有所养的办法，但您是否也该考虑时代的变化而增加新的预防措施呢？"

准客户："新的预防措施？"

保险销售员："是的，我们先来看看几个事实，再决定是否有此必要。第一，子女长大后，当然大都会克尽孝道，以奉养双亲为己任，但现代社会竞争激烈，社会经济不太稳定，下一代的经济承受力是否能够长期保证实在是未知数，我们应该替他们考虑一下。第二，中国人的观念里，有土才有根，再怎么样也要买房，但现在的房价高昂，往往都是凭大额的贷款才买下的。为了偿还贷款和生活费，已经焦头烂额，何苦再增加下一代的负担。第三，人伦观念的淡薄已是不争的事实，而且现代盛行小家庭，当三代共处于不是很大的房子里时，日久恐怕会引起摩擦，代沟问题并非我们所愿，但却是难以避免的事实。第四，有人说人老要活得有尊严，尊严是由'老友、老伴、老身、老信、老本'所建立起来的。没有老年的朋友，没有老伴，又没有良好的身体和自信心，再加上没有一些属于自己的财富在身边，岂能活得安稳？"

准客户："所以，我们就需要买保险。"

保险销售员："保险当然不见得能保证让我们拥有这一切，但最起码能保证我们一笔基金，这笔基金让我们老年时可以自己支配，或者万一自己用不到时，也可以留给家人处理'最后一件事'时使用，让自己的基本生活和尊严得以维持。"

> 准客户："买保险也是一种投资了，对自己的。"
>
> 保险销售员："甚至可以这么说，付保险费就像付小孩的生活费及杂费，小孩长大后不一定保证个个能回馈，可是保险费付到一定期限后，却是肯定能收回的。这样的投资难道不值得吗？"

2. 对保险销售员存在偏见

由于保险业在我国起步较晚，经营机制、管理水平、服务能力等均相对较低，许多从业人员的专业素质、理论水平和服务意识普遍不高，使人们对保险业存在许多误解。不少人认为，主动前来介绍和提供服务的保险销售员，目的都是为了赚客户的钱。

3. 自我保护意识

保险推销常常是以保险销售员主动上门推销为主，这些行为不太符合人们的消费习惯。很多人在面对销售人员时，都会存有抗拒心理，从而形成了一种自我保护的习惯。所以，每当有保险销售员出现时，客户便很习惯地把自己封闭起来，并且很快提出异议。

4. 不知道自己需要保险

许多客户拒绝购买产品，是因为他没察觉到自己的问题，没有意识到自己对保险的需求，所以缺乏对保险产品和服务的认识。

5. 缺乏支付能力

许多人都不愿承认自己缺乏支付能力，而以其他种种理由拒绝购买，从而影响保险销售员的判断。

6. 不了解产品特性及利益

客户对保险产品不认同或者是不能满足他的需求，就会产生异议。

7. 产品不能满足客户需求

保险销售员在销售保险时，没有深入地了解客户的需求，导致推销的保险产品不能符合客户的需要，不能给客户带来期望的利益，由此产生异议。

保险周期太长了

准客户："保险周期太长了。"

保险销售员："保险本来就是越长越好，时间短，买保险的人怎么能得到好处呢？"

准客户："保险时间越长越好吗？"

保险销售员："您投保的时间越长，所能享受的利益越多。想想看，您在身强体健时，把有无穷活力的生命托给保险公司保障，却在年老力衰时，将危机重重的身体交付给自己。若以投资或做生意的眼光来看，是否错得太离谱？反之，您在年轻时买保险，不但保费缴得少，而且保险期间长，可将保费分摊得比较低，保障期间更久，应该是非常划算的。"

二、保险产品的原因

保险产品是一个综合的概念，它涉及保险产品的功能、质量、品牌、类型、费率和服务等内容，因此，客户对保险产品的购买异议也极有可能源于保险产品本身。

1. 保险产品的质量

保险产品的质量是指保险产品满足人们需要的效用程度，即保险产品的本身耐用性。保险产品的质量包括保险产品本身的内在质量特征，如保险产品的结构、性能、条款、费率等；也包括外部质量特征，如保险产品的保单式样、颜色、组成等。如果客户认为保险产品的质量方面存在问题就会提出异议，这些异议如下。

（1）保险产品的上述质量方面确实存在着缺陷，难以满足保险客户的需求。

（2）客户缺乏经验或做主观判断，以质量原因为由拒绝保险销售员的购买建议。

（3）客户由于担心购买不当，而以产品质量不佳为借口拒绝购买。

（4）客户由于没有购买决策权，而以质量原因为由拒绝购买。

（5）保险销售员的语言或行为不当，使客户对产品质量产生怀疑。

（6）客户为了降低费率，以产品质量不好为借口等。

2. 保险产品的价格

一般来说，保险产品的价格是相对于保险单内容和条款而定的投保费率。当客户认为保险产品价格太高时，就会与保险销售员进行讨价还价，期望得到一定幅度的让价。

客户认为保险销售员所销售的保险产品费率偏高的原因是多方面的。

（1）客户基于对同类保险产品或替代商品的费率进行比较。

（2）客户的经济状况、支付能力。

（3）客户对该保险产品的费率的心理预期等。

因此，保险销售员要认真研究和掌握保险客户的价格心理，以便采取相应的保险销售策略，消除客户的价格异议。

3. 保险产品的服务

服务是保险产品的重要外延部分，保险销售服务有着丰富的内容，既有业务技术方面的服务，也有满足客户心理需要方面的服务。

客户对保险销售服务提出异议，是因为对保险服务有更高的要求。

我没听过你们这家公司，可靠吗？

准客户："我没听过你们这家公司，可靠吗？"

保险销售员："我必须告诉您，其实选择产品的重要性不亚于选择保险公司，因为既然政府核准这家保险公司开业，基本上已经替被保险人做了最严格的筛选，但产品就不一定了，每个公司的经营及管理方式不同，所以保障方式、回收方式也不尽相同。"

准客户："但是你们公司我的确没有听过。"

保险销售员："为什么我能很坦白地告诉您关于产品的选择方法？原因是我认同保险，我确信从事保险是一件极有意义的事，借着保险，我不但可以帮助别人，也可以建立自己的终身事业。我既然已经肯定保险，也确定了未来的人生观，所以我希望从事保险工作以后，能让所有的客户都信任我，但最重要的是我必须先敬重这行业，按部就班、循序渐进地踏实工作。"

准客户："我很欣赏你的这种工作态度。"

保险销售员："谢谢！很幸运的是，我已获得相当多客户的信任，这就是他们的记录，请您过目，也请您信任和肯定我，相信我不会让您失望的。"

三、保险销售员的原因

客户对保险产生异议，还有一个原因就是由保险销售员的举止态度让客户产生反感，或保险销售员专业不足让客户无法信任而引起的。

1. 保险销售员举止态度让客户产生反感

保险销售员举止态度不端正无法使客户信服，或者是言辞过分夸张、销售技巧不成熟等，都可导致客户对保险销售员产生不好的印象。

比如，做了夸大不实的陈述；使用了过多的专业术语；事实调查不清楚，引用了不正确的调查资料；说得太多或听得太少而无法把握客户的问题点；处处说赢客户，让客户感觉不愉快。

2. 专业知识不足

保险销售员如果在保险理论、保险产品方面的专业知识不足，无法给客户满意的回答，对客户的问题和疑虑又不能正确地解决，就会导致客户的不信任，使客户产生异议。

对待异议要表态度

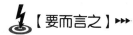

客户异议具有两重性,它既是推销的障碍,也是成交的信号。在销售活动中,客户异议的产生是必然的,保险销售员应采取正确的态度对待异议。

【详细解读】

一、鼓励客户提出异议

客户有异议表明对保险感兴趣,有异议意味着有一线成交的希望。保险销售员通过对客户异议的分析可以了解对方的心理,知道客户有何疑虑,从而按病施方,对症下药,对客户异议做出圆满答复。日本一位销售专家说得好:"从事销售活动的人可以说是与拒绝打交道的人,战胜拒绝的人,才是销售成功的人。"

二、对异议持有正确的态度

客户对保险销售员提出异议,对产品介绍和洽谈的效果会起到一定程度的负面作用,甚至直接阻碍销售洽谈的正常进行,干扰保险销售员的思路、影响成交的结果。

从另一个角度理解,客户的异议使整个销售过程进入了一个双向沟通的环节,表明客户对产品产生了兴趣,只是存在疑虑。保险销售员可以从中明确客户对销售建议所能接受的程度。如果此时保险销售员积极对待客户异议,迅速地修正销售技巧,并采用正确、恰当的方法因势利导,消除客户的忧虑,就能使沟通工作顺利进行下去。

三、认真倾听客户异议

倾听，不仅可以表明保险销售员对客户的重视和尊重，而且可以促使客户发表意见。保险销售员切忌在客户发表异议过程中表现出三心二意，或不耐烦的态度和行为，否则会使客户认为保险销售员缺乏诚意。保险销售员应对客户提出的异议表现出极大的兴趣和热情，并从客户的表情、肢体动作等方面分析异议产生的原因。

四、准确回答客户的疑问

客户在谈话中，可能会提出一系列疑问要求保险销售员回答。对此，保险销售员不应回避，应对疑问给出合理的答案。

 **情景再现**

若你离职后我找谁呀？

准客户：你要是以后不做保险了，到时候我找谁呀？

保险销售员：买保险是和保险公司签长期契约，而不是只与业务员往来。

准客户：但是我怕那会很麻烦。

保险销售员：不会的，我们都知道，保险是保障客户万一发生事故，保险公司弥补他损失的措施，即使投保人不发生事故，卖保险的也可能会发生事故，因此希望一个业务员能服务20年，事实上是有困难的。

准客户：也是。

保险销售员：所以，您在投保的时候最好能够了解到底自己买的是什么东西？有哪些权利与义务？不要因为卖保险的人是亲戚或朋友，就可以不求甚解。最重要的是，您需要知道，有了像您这样的客户的支持，我一定会在这个寿险行业长期做下去，为您提供从始至终优质的服务。

处理异议要讲方法

【要而言之】

在销售过程中客户异议是客观存在的、不可避免的，它是成交的障碍，也是客户对保险产品产生兴趣的信号。若处理得当，能使销售工作进一步深入下去。因此，保险销售员应积极处理客户提出的异议。

【详细解读】

一、要习惯听"不"

当客户对保险销售员说出"不"时，许多保险销售员都认为是对他个人及销售的否定，自然心中会产生不快。其实换个角度考虑，客户说"不"，并不是针对保险销售员个人而言的，或许是由于客户自身遇到不顺心的事，而将此种情绪发泄到保险销售员身上。这时，如果保险销售员能引导客户把心中的不快说出来，或许能与之成为朋友，最终达成一笔交易。

二、不打无准备之仗

"知己知彼，百战不殆。"要有效处理客户异议，就必须事先预测客户可能提出哪些异议，并做好回答的准备。同时，在回答客户异议前，要彻底分析客户提出异议的真实原因。事实上，绝大多数异议的背后都掩藏着一些其他实质性的问题，顾客提出来的异议只是拒绝购买的借口。

保险销售员要善于观察，多提问题，以便了解客户异议背后隐藏的真实原因，然后对症下药，予以消除。

三、选择适当时机

保险销售员对客户异议的处理时机,具体如下表所示。

处理客户异议时机

序号	时机	具体处理
1	异议尚未提出时	(1)保险销售员察觉到客户即将提出某种异议时,最好抢在顾客之前主动提出并给予解决 (2)保险销售员完全有可能预先揣摩到客户异议并抢先处理,因为客户异议的发生有一定的规律性
2	异议提出后立即回答	在大多数情况下,面对客户提出的异议,保险销售员应立即给予回答,既可以增强客户购买的信心,又可以表现出对客户的尊重
3	异议提出后搁置一段时间后再回答	(1)保险销售员对权限外的或不能确定的事情无法立刻做出回答时 (2)在客户在还没有完全了解保险产品的特性及其利益前提出价格问题时 (3)当客户提出的异议在之后的产品说明中能够更清楚地解决时 (4)异议显得模棱两可、含糊其词、让人费解时 (5)异议显然站不住脚、不攻自破时 (6)异议不是用三言两语可以解决时 (7)异议超过了保险销售员的能力水平时 (8)异议涉及较深的专业知识,解释也不易于被顾客理解时

四、永远不与客户争论

不管客户如何批评产品、公司,保险销售员都不能与其争辩。因为争辩并不是说服客户的方法。用一句销售行话讲:"占争论的便宜越多,吃销售的亏越大"。

五、给客户留"面子"

保险销售员要尊重客户的意见,客户的意见无论是对是错、是深刻还是幼稚,都不能表现出轻视的态度。

六、以诚相待

归根结底,处理客户异议的目的是为了获得客户的理解和再度信任,这就要求保险销售员在处理客户异议时必须坚持以诚相待的原则。

七、迅速处理

处理客户异议以迅速为本,因为时间拖得越久,越容易激发客户的愤怒情绪,同时也会使客户的错误想法随着时间的推移变得顽固。

第六章
客户异议处理技巧

处理异议要按步骤

【要而言之】

客户的问题和异议提供了成交的机会,销售人员要能把握机会,耐心聆听并解答客户异议,为客户提供满意的答案。

【详细解读】

一、倾听客户的异议

保险销售员应耐心倾听客户说明异议,使客户感觉到自己是受重视的。通过倾听,保险销售员可以弄清楚客户的反对意见是真实的还是一种拒绝的托词。如果是真实的就应该马上着手处理;如果仅是一种拒绝的托词,就应挖掘客户的深层意思了。

二、对客户的异议表示理解

如果客户提出的异议是合情合理的,在表示理解的同时,可以用以下的话语来回应客户。

"我明白您为什么有这样的感受,其实很多客户最初也有和您一样的感受,但是一旦了解了这种保险产品,他们就会发现这种保险产品如何使他们受益了。"

这种表述的目的在于,承认客户对某个问题的忧虑,但却没有表示赞同或表现出防卫意识。

三、复述及澄清客户提出的异议

比如复述客户的异议:"您的意思是说这种保险的保费太高,这就是您不愿意购买的原因吗",如果顾客回答"是",则提出与之相应的购买利益;如果感觉到顾客还有其他顾虑,则继续通过开放式的问题进行了解。

复述异议不仅能够表明保险销售员一直在认真倾听客户说话,同时还能给自己多留一些思考的时间。

四、回答客户的异议

客户希望保险销售员认真听取自己的异议,尊重自己的意见,并且希望保险销售员及时做出令人满意的答复。但是,在某些特殊情况下,保险销售员可以回避或推迟处理客户异议。

情景再现

条款对你们有利,打起官司我赢不了

准客户:条款对你们保险公司有利,要是打官司我肯定赢不了。

保险销售员:的确,条款已经订好,而保险公司也有专门人员处理纠纷事宜,但若真的上了法庭,保险公司不见得能占便宜。

准客户:我个人的力量肯定敌不过你们保险公司啊。

保险销售员:法律会保护善意的第三者,因为买保险的人不可能就条款逐条研讨后才买的,而保险公司也无法按照投保人的意思拟定条款。所以,当双方有争执时,法院通常比较保护买保险的人。

小提示　保险销售员在面对客户提出异议时,应以沉着、冷静的态度,用事实、数据、资料回答客户,而不能直接反驳客户,引起客户反感。

第六章
客户异议处理技巧

处理异议要讲策略

【要而言之】

客户异议处理方法有多种，保险销售员要根据客户异议的实际情况选择正确的处理方法，才能更好、更快地处理异议。

【详细解读】

一、补偿客户异议法

补偿客户异议法，是指销售人员利用客户异议以外的该产品的其他优点或长处来对客户的异议进行补偿或抵消的一种方法。

当客户的反对意见很有道理时，销售人员采取否定的态度和反驳的策略是不明智的，销售人员应客观地分析该产品的优点和缺点来帮助客户重建购买决心，这时应当使用这种方法。避免出现前后矛盾的问题，使保险销售员处于尴尬的境地。

二、合并客户异议法

逐一回答客户的反对意见不仅要花费大量的时间和精力，而且延长洽谈时间，如果将客户几种异议合并起来同时回答就可以避免陷入上述困境，也可以削弱这些异议对达成交易的影响。当客户提出的真正异议无法即时解决时，此时运用合并异议法将其合并处理，避重就轻或直指要害，可以化解困境。

三、重复与削弱客户异议法

重复与削弱客户异议法是指保险销售员对某些不确切的反对意见，先用婉转的语调复述一遍，使其变得较为确切、温和，然后再予以答复的一种处理方法。其核心思想是，通过重复来削弱客户异议的尖锐程度，甚至改变其性质来缓和洽谈气氛。

比如，客户："又涨价了，怎么涨这么快？"

销售人员："是啊，我也有同样的感觉，费率是涨得快了。"

此时，销售人员的认同将使气氛缓和下来，大大削弱客户问题的尖锐程度，经过"降温"后再慢慢解释，消除客户异议以达成交易。

四、转化客户异议法

客户异议既是达成交易的信号，也是交易的障碍。转化法就是利用客户异议积极的一面来处理异议或克服异议的消极影响，将客户拒绝购买的理由转化为说服客户购买的欲望，将客户的异议转化为达成交易的信号。

比如，客户提出异议："你们的车险费率怎么比去年还高？"

保险销售员说："是的，是上涨了一点，根据中国银行保险监督管理委员会的精神，下个月还要调高费率，您最好赶快买，否则又会涨价了。"

五、肢解客户异议法

肢解客户异议法，是将客户的反对意见细分为许多部分，然后逐一答复或与客户逐项进行讨论，引导客户具体分析自己提出的购买异议，可以使客户认识到异议的某些不合理性，进而放弃异议，达成交易。

如何进行肢解要根据客户和销售人员当时的情境来定，重点应放在肢解客户主要观点的论据上，并通过客户认同的逻辑推理，在客户参与的讨论中将其结论性的论点推翻。

六、反问逼退法

反问逼退法，是指销售人员在难以说服客户的情况下，通过对客户异议提出反问，迫使客户自省，进而放弃异议的一种处理方法。反问逼退法适用于洽谈气氛不融洽或者客户比较固执时使用，保险销售员通过以进为退，提出反问，变被动为主动。

第六章
客户异议处理技巧

反问逼退法是一种言辞激烈的处理客户异议的方法,容易引起客户的抵触,因此要慎重使用。

七、引申归谬法

引申归谬法是指在销售洽谈过程中,保险销售员既不接受购买异议,也不削弱异议,而是将客户异议进行引申分析,详细说明客户异议的内在含义及其产生的可能后果,引导客户承认异议是一种错误的方法。其难点在于:一是引申要合情合理,使客户乐于接受,逻辑要正确;二是其目的是归谬,即全盘否定客户的意见,处理不好,容易引起客户的反感。

八、例证约束借鉴法

例证约束借鉴法是指在销售洽谈中,保险销售员通过列举事例说服客户,从而使客户放弃购买异议的一种方法。

使用此方法时要先了解影响客户购买行为的主要因素,客户心目中的崇拜群体,例证是否合理等。例证要具体,并且可以考证,这样才可以说服客户。如果所举例涉及自己的老客户,要注意保密。

九、岔开拖延法

岔开拖延法是指在销售洽谈过程中,客户情绪激动,连续不断地提出许多购买异议,回答时机不成熟或回答错误会导致洽谈时间无限延长时,保险销售员通过谈论其他事情或有技巧地将客户异议往歧路上引开,把客户争论的问题转移,使其谈论其他感兴趣的话题,从而使气氛融洽起来的方法,将异议拖延至适当时机再回答。

十、有效比较法

有效比较法是指在销售洽谈过程中,销售人员不直接反驳客户的购买异议,而是通过与客户对可以考证的具有可比性的事件进行比较，使销售产品的优点凸显出来，以此打动客户，最终消除客户异议的一种方法。

 **情景再现**

要是保险公司倒闭了，我找谁啊？

准客户："要是你们保险公司倒闭了，到时候我去找谁呀？"

保险销售员："一个保险公司的设立、经营、管理、投资，必须经过监管单位严格的管理及约束，除了平时的监督，每年还会做一次深入的审核，一旦发现违反管理办法，即视其情况轻重以予纠正，轻者撤换负责人，重者甚至撤销执照。"

准客户："但是我到底该怎么办呢？"

保险销售员："每张保单中还要提供一定的保证金给监管单位，这是以防万一有保险业者发生财务状况不稳时，可由该基金代为负责的一个保障。"

准客户："是吗？"

保险销售员："因为保险是金融及公司性事务，其经营成败对社会的影响既深且广，且保险契约为附和契约，通常为保险公司单方拟定。另外，保险为专门技术，被保险人自己难以保障本身权益。所以监管单位在一笔保费进入保险公司后，就开始注意其流程是否经过严格的核保，对其安全性进行评估，并进行再保的分配。

至于其对外的投资，也严格规定其投资标的安全性、稳定性、收益性、流通性及投资的比率，稍有差错便及时提出纠正，所以保险公司的风险较一般金融机构低。"

准客户："只是我觉得不放心。"

保险销售员："若您还是不放心，最好在投保前考虑这家公司以往的声誉形象，先给予评估，然后再投保。"

保险销售从入门到精通
从目标到业绩的高效销售技巧

第七章
促成客户签单技巧

导言

其实,在推销过程中,顾客虽有购买意向,但一般都犹豫不决,不愿意首先发出购买信号,这就需要保险销售员有勇气请客户签单,达到迅速成交的目的。

销售冠军成长记系列

本章导视图

促成客户签单技巧

- 识别成交信号
  - 表情信号
  - 行为信号
  - 语言信号

- 保持成交心态
  - 保持自信
  - 服务热忱
  - 态度诚恳
  - 锲而不舍

- 用对成交方法
  - 诱导主动成交
  - 直接请求成交
  - 假想成交法
  - 参与式成交
  - 二择一法
  - 终结式成交

- 创造成交环境
  - 要安静舒适
  - 要能保证单独洽谈
  - 要能适应客户的心理

- 领会成交要点
  - 与客户同坐一侧
  - 不妄加评论
  - 让客户感到是自己做出决定
  - 让客户有参与感
  - 事先准备好投保书和收据
  - 所有手续要一次完成
  - 注意填表过程让客户放心
  - 绝对不可慌张

- 避免促成禁忌
  - 避免制造问题
  - 避免缺乏耐心
  - 避免计划不周全
  - 避免刻意减价

- 完善后期工作
  - 请客户介绍新客户
  - 不要喜形于色
  - 祝贺客户
  - 大声言谢
  - 及时告退

第七章
促成客户签单技巧

识别成交信号

【要而言之】

成交信号是指客户显示出来的，表明其可能采取投保行动的信息。如果客户已经有投保意图，那么这种意图就会通过语言、表情、行动流露出来。在保险推销过程中，保险销售员可以把成交信号的出现当作促进成交的有利时机。

【详细解读】

一、表情信号

表情信号，是业务员在向客户介绍产品时，从客户的面部表情和体态中发现的成交信号。人的面部表情不容易捉摸，眼神更难猜测，但经过反复观察与认真思考，业务员仍然可以从中读出成交信号，具体如下图所示。

1	眼睛转动由慢变快，眼睛发光，神采奕奕，腮部放松
2	由咬牙沉思或托腮沉思变为脸部表情明朗轻松、活泼与友好
3	情感由冷漠、怀疑、深沉变为自然、大方、随和、亲切
4	客户的表情开始认真起来的时候

客户发出的表情成交信号

二、行为信号

行为信号是业务员在向客户推销产品的过程中,从客户的某些细微行为中发现的成交信号。一旦客户完成了认识与情感过程,拿定主意要购买产品时,便会做出与听业务员介绍产品时完全不同的动作,业务员可以通过观察客户的动作识别其是否有成交的倾向。

下图所示的是一些常见的客户发出成交信号的行为。

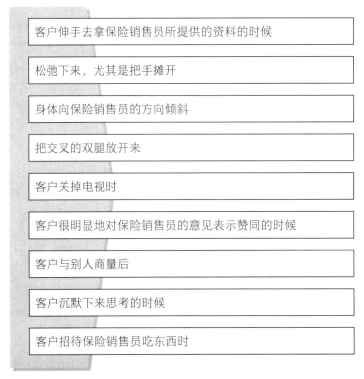

客户发出的行为成交信号

三、语言信号

所谓语言信号,是指保险销售员在与客户的交谈中发现的客户某些语言所流露出来的成交信号,这种信号可以从客户的询问及措辞中觉察到。

在推销当中,若有下图所示的情况出现,就可能是客户发出了成交信号。

第七章
促成客户签单技巧

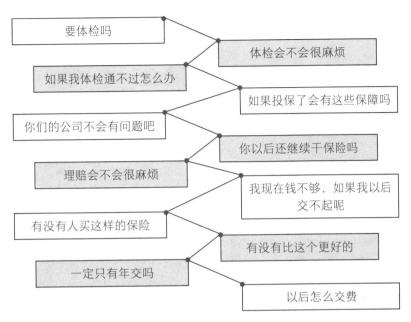

客户发出的语言成交信号

 **情景再现**

我不要加费投保

准客户：我不要加费投保。

保险销售员：如果您的货物外销，里面有一批瓷器，您是不是特别包装，而且同意以较高的运费运送？

准客户：那是肯定的了。

保险销售员：对于您的身体状况，保险公司为何以较高费用来承保？原因是您就像那瓷器，我们需要比别人多付出一份关照，所以我们只是反映成本，也要您自己为现在的身体状况付出相应的代价。血压高或许不是您的错，但您需要承担更多而降低相关的风险，加费就是提醒您这一点。

保持成交心态

【要而言之】

促成的失败可能会影响保险合同的签订,从而使保险推销陷入困境,甚至完全失败。因此,保险销售员在促成阶段要保持良好的成交心态,以达到有效地促成。

【详细解读】

一、保持自信

在整个推销过程中,保险销售员必须相信自己能够取得成功,只有对自己充满自信,才能在促成时表现得游刃有余。同时,保险销售员的自信也可以传染给客户。如果保险销售员缺乏自信,就会影响客户对投保的信心。所以,自信的态度是保险销售员有效促成的必要条件。

二、服务热忱

保险销售员在向客户促成时,应该始终满怀热忱,努力设法为准客户提供最好的服务,让客户享受到最好的保障。

三、态度诚恳

保险销售员在促成时,态度必须诚恳,尽量站在客户的立场为客户设想,使客户安心自在地与保险销售员成交。切忌来势汹汹及不断逼迫客户,否则只会使客户感到不安,从而拒绝成交。

四、锲而不舍

保险销售员遇到客户拒绝是必然的，所以，保险销售员必须主动尝试多次促成，不要轻易放弃，要有一种锲而不舍的精神，相信"精诚所至，金石为开"。

如果客户对于投保一直摇摆不定，一般来说，保险销售员应该至少尝试五次促成，给客户五次下决心的机会。

小提示：促成可以成功也可以失败，作为保险销售员，如何有效促成，将成为保险销售重要的一步。

情景再现

满期金比缴的保费少，划不来

准客户：满期金比缴的保费少，划不来。

保险销售员：一辆汽车十多万元，一年花几千元的保养费，出了些小事故，保险公司会理赔；若是大事故，比如汽车丢了，保险公司肯定不会全赔；无大事故，保险可继续承保，但需逐年折旧。

准客户：这和保险有什么关系呢？

保险销售员：这些您都不计较，而我提供给您的这个保险建议，同样是几千元的保费，出了小事故，不但要赔偿医疗费用，依状况而定可能还会对您的时间损失付出赔偿。若遇到大事故，赔偿额少说也有二十万元，而且随着年资的延伸，保额不会越来越少，反而逐年增加。像这样的保险，您还有什么犹豫呢？

用对成交方法

【要而言之】▶▶▶

促成的失败可能会影响保险合同的签订,从而使保险推销陷入困境,甚至完全失败。保险销售员要认真地领会及巧妙运用促成方法,才能有效促使保险合同的签订。

【详细解读】▶▶▶

一、诱导主动成交

一般而言,如果客户主动提出投保,说明保险销售员的说服工作十分奏效,也意味着客户对保险计划书十分满意,使客户对投保不再有疑虑,因而成交非常顺利。所以,在推销过程中,保险销售员应尽可能诱导客户主动投保,这样可以减少成交的阻力。

保险销售员在说服客户采取投保行动时,一定要让客户觉得这是自己的决定。这样,在成交的时候,客户的心情就会十分舒畅而又轻松。

比如:

"××先生/女士,现在您有了我为您专门设计的解决方案,您和您家人就可以安安心心地享受生活了。这套规划提供的保障还包括了附加意外保障和医疗保障,在万一您有什么事故的时候可以将您的经济损失降低到最低的程度,同时还可以让您的家人一直享受到您对他们的关心和爱护。"

"××先生/女士,要让这份针对您的家庭实际情况设计的保障规划开始生效,来保障您的家庭,还要请您再这份投保书上签字,另外再缴付保费,余下的手续我都会替您办好的。您的身份证号码是……"

二、直接请求成交

直接请求成交法是明确地直接要求客户投保的方法，这是保险销售员工作中一种最基本、最常用的方法。

1. 适用情况

直接请求成交法适用于客户已有明显投保倾向但仍在犹豫不决时，对于客户的顾虑，经过保险销售员的详细解释，已经全部解决，但客户仍不愿主动开口决定投保时。

2. 特点

直接请求成交法是借要求成交向客户进行直接揭示并略施压力达成成交，以节约时间，提高效率。如果过早直接提出成交，可能会破坏良好的推销气氛，还可能给没有最后下决心投保的客户增加心理压力，从而使保险销售员处于被动。

比如，"××先生/女士，经过这段时间我们的沟通，我已经基本上知晓了您的家庭财务和保障需求的情况，我也已经让您了解了我们公司可以提供给您的解决方案，现在让我们一起来看一看我带来的投保单好吗？"

三、假想成交法

假想成交法是保险销售员在假定客户准备投保的基础上，通过讨论一些具体问题而促成交易的方法。

比如，当保险销售员发现客户有明确的投保意图时，可以不失时机地问："您是年交还是月交？通信地址就写您这里的地址是吗？"

保险销售员应当用平稳的方式过渡到这种方法，不要出现停顿或突然转换话题。

在客户进行回答后，保险销售员就可以顺势在投保单上填写。如果客户同意保险销售员填写投保书，也就预示成交的达成。如果客户试图阻止保险销售员的填写动作，那他肯定还有一个真正的异议没有得到解决。保险销售员还需要耐心地处理客户的异议，再继续填写。

四、参与式成交

参与式成交法是指保险销售员做两手准备,不知不觉支配客户的意志让客户参与到保险计划书的设计中,从而达到成交目的。

保险销售员在促成签单过程中,有许多工作需要做,如写计划书、建议书、可行性报告等,还要处理客户的许多异议,但结果是徒劳无功。其中很大的原因是忽视了这一点:没有让客户参与其中,让客户自己参与决定。因为人们都希望自己为某些事物的发展和形成出一分力,特别是这些事物是与自己有关的,这就是常说的"参与心理"。

五、二择一法

二择一法是保险销售员避免和客户讨论是否投保的事,直接向客户发问是保A型还是B型,是保一份还是保两份,让客户不知不觉变成保户。

二择一法的使用要注意以下几个问题。

(1)把客户的选择限制在有限的范围内。一般只有两个方案可供选择,而且两个方案均可实现实际投保。

(2)向客户提出具有可行性的选择方案,使客户比较容易地进行选择。

(3)保险销售员应该把选择权交给客户,让客户自己进行选择,事先做好准备,在提出选择方案时应能保持良好的氛围。

(4)帮助客户进行选择,当好客户投保决策的参谋与顾问。

六、终结式成交

终结式成交法可以通过保单利益吸引客户,在这时提出成交,成交的机会就高多了。

比如,当客户犹豫不决时,保险销售员可以将保单利益再概述一次,然后对客户说:"如果您没有什么疑问的话,您可以在这里签上您的名字。"

创造成交环境

【要而言之】

在销售成交阶段，周围环境对成交与否有重要影响。它会影响成交的气氛，并在无形中影响客户的心情，甚至改变交易的结果。

【详细解读】

一、要安静舒适

安静舒适的环境可以使人心情舒畅，精神愉快、心平气和，有利于客户接受保险代理人的劝说和要求。安静的环境可因地制宜，乱中求静。

二、要能保证单独洽谈

在协商成交的重大事宜时，最好只有保险代理人和客户两人参与。应避免第三者介入，以防第三者中途进入而重复已完成的某些销售环节，打断销售正常的程序；或两人之间意见不一致，导致重新做出决定，改变本来的购买结果。当环境不利时，保险代理人可寻找资料或以与其共进午餐为由易地约见客户商谈。

三、要能适应客户的心理

在条件允许的情况下，保险销售员选择协商成交应以适应客户心理为原则，尽量选择让客户放松，能卸下心理防御的场所，譬如选择在客户所熟悉的场所，如客户的工作单位、办公室或客户家庭等。

 **情景再现**

等过一段时间再说

准客户：等过一段时间再说吧！

保险销售员：没钱买新衣服，凑合一下还可穿；没有闲钱去大饭店，小餐馆一样可酒足饭饱。然而保险不赶快买，出了事，没有替代品，当事人将后悔莫及。

准客户：是吗？照你这么说保险必须尽快买了？

保险销售员：是的，没有新衣服，也可以出门；没有新房子，老房子一样住；没有新车，照样上街；一天不吃饭，不会饿死。但一天没保险，小心了，最好不要到外面去，因为一旦出了事，一家大小可能长期没新衣服穿、没汽车坐、不能上饭店，甚至一辈子租房子。

准客户：不会那么惨吧？

保险销售员：你知道一般人出国旅游，总会询问旅行社是否办旅行保险，有的人觉得只保二十万元不够，自己又向保险公司加保。这是因为出门身车紧迫，看起来危机重重。没错，飞机掉下来，幸存的机会渺茫。但事实上，根据统计，飞机出事率是四百万分之一，而高速公路上的汽车出事率是五千分之一，搭安全性高的飞机会想到保险，每天上高速公路与危机搏斗却说保险不急。这哪里说得过去呢？

准客户：感觉我们现在每天都处在危险之中一样。

保险销售员：我们都看过很多一家之主以各种理由，包括孩子还太小、房子刚买、贷款未还清等借口延迟买保险，结果在未买保险之前就发生了事故，未亡人茫然失措，担心的事也一一应验。小孩的学费负担不起，房屋贷款不知何年才能还清，这些后果往往是始料未及的。

第七章 促成客户签单技巧

领会成交要点

【要而言之】

所谓促成是指帮助并鼓励客户做出购买决定，然后协助其完成手续。促成交易是行销的终极目的，因此，保险销售员有必要领会以下促进成交的要点。

【详细解读】

一、与客户同坐一侧

在与客户交流时，和客户同坐一侧比较好，这样可以避免目光对视的尴尬，也有助于给客户正在进行投保的感觉，而不是在接受推销，有利于消除客户的压迫感。随着谈话的深入，双方逐渐消除隔阂，在进入说明时就应该将位置移到客户的侧面，以便展示资料进行说明。而进行促成阶段，应该再向客户靠近些，让客户感觉保险销售员对他的重视，这样就会引起客户的重视。

二、不妄加评论

在保险推销中，客户有可能提出一些关于别的保险公司的问题，对于这些敏感话题，保险销售员都应绕开，不做正面回答，更不要妄加评论。

这时客户的异议大多都只是随便说说而已。这时保险销售员就不要轻易表态，更不能妄加评论，如若非回答不可，也只能先听取客户的意见，再以婉转的语气使客户的异议转化，使异议不至于对成交起阻碍作用。

三、让客户感到是自己做出决定

成交是一个决策过程，大多数客户都不愿意有什么外在的压力在发挥作用，当客户的成交意向相当明确后,保险销售员就应该及时地对客户的投保决定表示赞赏,使客户认为他的选择得到了认可和肯定。保险销售员在与客户商谈的最后阶段,保持谨慎的态度,使客户处于强势,让客户感觉是自己做出决定,会使他充满自豪感。

四、让客户有参与感

对于自己的决定,客户总希望能够更多地参与进来。因此,除非客户自己征求意见,保险销售员应避免帮客户下决心,而应给出一些简单的计算方法,让客户在一定的指点下通过查表、测算,自己决定投保多少,让其得到参与感。

五、事先准备好投保书和收据

有经验的保险销售员坐下来与客户谈话之时,就会把所有资料都按顺序摆放在客户面前,抓住机会不断促成,以投保书和收据进行试探。而不要等到客户决定签单了,保险销售员才手忙脚乱地翻投保书和收据,错过了促成的最佳时机。

有些保险销售员在填写合同的时候,通常默不作声,他们把精力集中在合同上。这种沉默通常会使客户焦虑不安,他也许会对自己说:"我现在应当做什么?"接着,所有的疑虑和不安又重新涌上心头,很可能导致最终失败。所以,在填写合同时,应不时地征询客户意见,如姓名、单位等的填写,让客户参与进来。

六、所有手续要一次完成

促成以后保险销售员应完成以下几点工作。
(1)填好投保书并签名。
(2)如属免体检条件即填好告知书,需要体检时安排好体检手续。
(3)收取第一次保费。
上述三点全部做完,推销业务才能算完成。如果保险销售员把以上内容分开做的话,不但会浪费很多时间,甚至还会导致客户的拒绝。

七、注意填表过程让客户放心

保险销售员尽管十分清楚客户需要填写的内容,但是专业的保险销售员都会边写边与客户进行轻松的对话,目的是让这一程序平稳过渡,让客户对他的决定感到满意、踏实。保险销售员的填表动作要自然流畅,在与客户对话时内容尽量不涉及保险。

此时,保险销售员可以与客户谈及其家庭、工作或小孩,这些话题可以把客户的思绪从保险上转移,同时也感受到保险销售员对他的关心。

八、绝对不可慌张

无论发生什么情况,保险销售员都应当保持理智,不要慌张,沉着应对。重要的是客户将保费交给保险销售员完成促成过程。保险销售员一旦慌张,便会引起客户的怀疑。一般有以下几种情形可能会让保险销售员慌张。

(1)保险销售员急于签单的样子很容易令客户心生疑惑:"莫非他心中有鬼?"一旦客户怀疑保险销售员对他有什么隐瞒,那么他便可能警觉而找理由推迟签单或者干脆加以拒绝。

(2)保险销售员会与各类人物打交道,有时会遇到这样的客户,即使已在投保单上签了字,也还会提出各种异议。

(3)有些客户,在成交之前仍可能有各种抱怨,或者提出不合情理的要求。

避免促成禁忌

【要而言之】

对于促成过程中的一些禁忌，保险销售员应首先做好自我检查，看是否犯了其中禁忌。如果有，一定要第一时间纠正并在以后的工作中予以避免。

【详细解读】

一、避免制造问题

有时候保险销售员不知是紧张还是担心签单，会制造问题，客户没有提及的问题或是没有想到的问题，他会自己提出来，然后自问自答。这样会让客户觉得很不安，这是保险销售员的大忌。

如果这样做，促成的机会就从身边溜走了，千万不要在客户面前卖弄，或者将简单的问题复杂化，用很多专业术语解答问题，令客户感到糊涂。

小提示：在说明产品时，保险销售员应该尽量用通俗的、生活化的语言来解释保险的专业术语，做到有问有答，不问不说。

二、避免缺乏耐心

有些保险销售员属于急性子，觉得只要自己不骗客户，为客户着想就行；保险计划讲不明白没关系，反正不会害客户，买了就比没买强。如果是很好的朋友，这样想还可以。但是，如果是不太熟的客户，恐怕这种方式客户很难接受。

因此，面对客户时销售人员一定要有耐心，一定将保险责任和责任免除部分按照规定详细地讲解给客户，直到客户明白为止。

三、避免计划不周全

我们从与客户接触开始，一步一步走到促成这个环节，前面的环节是否做得足够扎实，足以影响签单的成败。客户的资料是否真正收集齐全，客户的需求是否分析准确，保险计划中的产品是否精挑细选，与客户之间是否建立了信任，这些都会影响促成的结果。因此，扎扎实实做好每一步是最简捷的方法。

四、避免刻意减价

有些保险销售员为了抢夺市场，提高业绩，使用一些不正当的竞争手段，千方百计诱导客户签单，用减价的方式来吸引客户。这不仅扰乱了行业的正常秩序，同时也会给自己带来很多不必要的麻烦。

情景再现

> **除了保险，谈什么都可以**
>
> 准客户：除了保险，谈什么都可以的。
>
> 保险销售员：我个人认为您对保险有一种排斥心理。
>
> 准客户：没有，我怎么会对保险排斥呢？
>
> 保险销售员：您即使已买了保险，但有人找上门谈保险时，不但不该逃避，还应主动接近才是。因为销售保险的人专业知识总比买保险的人高一些，您不一定要买，但多了解、多比较却可以学到更多的知识，如果一味不愿去听，便失去免费咨询的机会。

完善后期工作

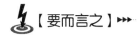

成交不是销售的结束,优秀的保险销售员很重视成交后的收尾工作,与客户保持良好的联系,巩固现有的客户,并充分把握机会,通过该客户获得更多的潜在客户的资讯和更多的保单。

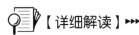

一、请客户介绍新客户

无论客户是否签下保单,都试着请他介绍新客户。

一般情况下,人们自己做出投保的选择,会希望得到其他人的认同,尤其是自己买到比较好的东西,很自然地会想到要和好朋友分享。所以,保险销售员应该拿出早已准备好的客户资料卡,请他填上好朋友的姓名、单位、电话、职务等,由此保险销售员可以获得第一手资料。

请客户转介绍话术

"先生,很感谢您对我们公司的支持和对我的肯定,但我还有一件事想麻烦您,像您这样的成功人士,肯定有不少朋友,是不是可以介绍两三个给我,让我也好去为您的朋友服务。"

"感谢您对我工作的支持与肯定,在离开之前,希望您能再助我一臂之力，我的工作就是要经常寻找像您这样有保险需要的人。我会尽力帮助他并做好服务，您能否给我介绍两三个像您一样热情、容易接近的亲戚、朋友。"

二、不要喜形于色

虽然签约对保险销售员来说是一件值得喜悦的事情，但是，这时保险销售员如果表现得过分喜悦，会引起客户的反感。

在交易成功后，要隐藏内心的喜悦，不要给客户造成"很得意"的印象。要稳重大方，很有礼节地向对方表示祝贺和感谢。

三、祝贺客户

客户在投保前，总是想方设法从正反两方面了解保险产品的情况，而一旦达成了交易后，便会肯定产品的优点，同时也希望别人赞美自己所购买的产品，以证明自己决策的正确。

客户签订保单后，保险销售员应再次表明客户做出这样的选择是明智的，并表示祝贺，握着客户的手对他说："恭喜您做出如此明智的选择，恭喜您从今以后生活在保险的庇护之下，相信我们公司的服务会让您十分满意。"

祝贺客户，不但能满足他希望得到赞美的心理，还可以使他对保险销售员产生信任感，不会把这看成只是一单生意，而且也巩固了他对自己决定的信心。

四、大声言谢

说声"谢谢"可以给客户留下深刻印象。大多数保险销售员不知道感谢客户，这正是他们得不到更多客户的原因。当保险销售员向客户表示真诚感谢时，会给客户留下良好的印象，并对保险销售员更加信任。

五、及时告退

当保险销售员和客户办妥一切手续之后，保险推销的工作便告一段落，此时应当及时起身，同客户握手，祝贺他，并对他表示感谢，然后及时告退，而不要作过长时间的逗留。

 情景再现

及时告退话术

情景一：成交后借公司事情离开

"张经理！那我告辞了，按照公司规定，在收取客户保费3个小时之内，要把保险费交到公司，以利于尽快出单，立即生效，那我先走一步了！"

情景二：成交后借公司客户离开

王科长！现在已4:00了，那我先告辞了，4:30我和一个顾客约好给他送礼赔款，他上次生病住院花费了5000多元，按照我们公司医疗保险合同规定，医疗费可以报销80%，此次总共报了4000多元，现在我要给他送钱去！

 名人名言

别人都说我很富有，拥有很多财富，其实真正属于我个人的财富是给自己和亲人买了充足的人寿保险。

——李嘉诚（实业家、企业家）

保险销售从入门到精通
从目标到业绩的高效销售技巧

第八章
完善售后服务技巧

导言

　　成交后的售后服务已成为现代推销活动不可分割的一个环节。它既是对上一次推销活动的完善，又是对下一次推销活动的引导、启发和争取。所以，售后服务的意义已经被越来越重视。

本章导视图

完善售后服务技巧

- 熟记售后服务的类型
  - 专业服务
  - 顾问服务
  - 帮助服务
  - 关怀服务

- 了解售后服务的方式
  - 定期服务方法
  - 不定期服务方法

- 及时向客户递送保单
  - 递送保单的事前准备
  - 递送保单的步骤

- 提供良好的保全服务
  - 合同撤销权的行使
  - 保险合同的变更
  - 保险合同效力的恢复

- 全方位附加值服务
  - 进行定期沟通
  - 赠送定期刊物
  - 社会回馈
  - 收费通知人性化
  - 赠送礼品
  - 便捷的收费方式
  - 提供契约转换
  - 提供海外救援
  - 提供路途营救

- 妥善处理客户抱怨
  - 耐心多一点
  - 态度好一点
  - 动作快一点
  - 补偿多一点
  - 层次高一点

- 加强客户资料管理
  - 收集客户的资料
  - 整理资料加以分类
  - 信息化处理工作

- 真诚服务留住客户
  - 不要让客户感到遗憾
  - 对客户一视同仁
  - 尊重客户
  - 时刻为客户着想
  - 诚实对待客户
  - 欢迎难缠的客户
  - 主动地为客户服务
  - 提醒客户不要错过
  - 利用广告让客户认识产品
  - 耐心对待客户

熟记售后服务的类型

【要而言之】

保险售后服务包括专业服务、顾问服务、帮助服务及关怀服务，保险销售员必须熟记这些保险售后服务的类型。

【详细解读】

一、专业服务

主动定时为客户检查保单内容，看是否符合客户的需求。尤其是当客户的身份或环境改变时，例如结婚生子责任加大时，或经济富裕需加强理财规划时，有新保险产品或医疗需求时，这些是整理保单的一个非常重要的时机。

理赔服务时，客户通常会通知保险销售员。当保险销售员接到消息时，应立即前往探视慰问并协助处理。办理理赔是最好的服务机会，所需资料证件、医疗证明、诊断书，尤其是诊断书和保单条款的关系，都对理赔的内容与速度有很大的影响，这是考验保险销售员专业服务的时刻。

二、顾问服务

保险服务员对保险专业和金融保险产品比较了解，并拥有各行各业的客户。就好像拥有许多的顾问，客户除了保险方面的问题外，当他们有某些非保险方面的问题时，保险服务员可以提供帮助，解决问题。长此以往，客户自然会养成有问题先来找保险销售员的习惯。同时，因为保险销售员的诚信可靠，会让客户产生依赖，进一步带动彼此间良好的关系。

 **情景再现**

为客户提供合理建议的话术

准客户：你可以帮我推荐一个适合我现在情况的保险吗？

保险销售员：您以为保险费用都很高，事实上不是这样的，您想拥有怎样的保险，能负担多少保费，我们会根据您的财力状况提供适当的保额及内容，会让您全家既获得保障，付费又不觉得太吃力，这才是一份合理的保险。

准客户：你真是为我们考虑，那就麻烦了。

保险销售员：哪里，这是我应该做的，也是我的荣幸。

三、帮助服务

有些客户比较忙碌，或对某些方面的事务较不善于处理，这时，保险销售员可以提供力所能及的帮助。至于碰到客户有急难时则更要主动、迅速地前往协助，千万要记得"雪中送炭"所代表的意义。

四、关怀服务

当遇到客户生日或逢年过节时，寄卡片、打电话、约吃饭等方法保险销售员应灵活掌握，把握好一个度，并没有一定的准则。原则上，以超出对方的预期为佳。平时常和客户一起爬山、打球，讨论共同话题，如投资理财、休闲养生、饮食教育等都是很好的谈资。

在日常社会交往中，关心他们所关心的，在乎他们所在乎的，真心诚意以对，自然会引起对方的共鸣与肯定。

 小提示　让客户将保险与保险销售员画上等号，提到保险就想到保险销售员。这就是售后服务的最高境界。

第八章
完善售后服务技巧

了解售后服务的方式

【要而言之】

保险行业就是一个突出服务性质的行业,在服务至上的社会里,服务的质量与商品一样重要。保险销售员要了解并合理运用不同的售后服务方式。

【详细解读】

一、定期服务方法

保险销售员应当注意,当你忘记客户的时候,客户也会忘记你。定期服务便是最能让客户记住你的服务方式。

每个客户都有自己值得纪念的日子,这些日子正是保险服务人员提供定期服务的好时机。

比如,客户的生日,别忘了给他寄上生日贺卡,或寄份生日小礼物;客户的结婚纪念日,可以对他表示祝贺,或者送去小小的纪念品;新春佳节、元旦、圣诞节等节日,也是提供定期服务的好时机。

1. 节庆问候

年、节是中国喜庆的日子,许多人都会收到来自亲朋好友的问候。如果保险销售员能在这时给客户送去一个问候,会让客户感到保险销售员对自己的关心,会感觉很温暖,甚至会给他们意外的惊喜。

问候的方式可以有许多种,可以电话问候、传呼问候,也可以寄送贺卡。对于一些大客户保险销售员应上门看望,并对客户对自己业务的支持表示感谢。

小提示 如果条件具备，保险销售员也可以向客户赠送一些小礼物，这样可以收到事半功倍的效果。

2. 生日问候

生日对每个人都非常重要，如果保险销售员能记住客户的生日，届时可送上一份祝福或小礼物。这种方式会立刻拉近保险销售员和客户的距离，客户会非常感激保险销售员对他的关心，会以业务上的支持来回报。

3. 定期问候

定期问候是所有保险销售员都应养成的良好习惯，优秀的保险销售员都有定期问候客户的习惯，他们会每隔一段时间就和客户联系一次，询问客户的身体或工作情况，或关心一下投保标的现状，也可能什么都不问，只是问候一声。定期问候可以帮助保险销售员维系与客户长久的关系，使双方的联系更稳定。定期问候应视不同的险种来决定间距和时机。

比如，机动车保险销售员，可以在每年车辆年检到期时、客户驾驶证件到期时，提醒客户及时对车辆和驾驶证进行年检。除此之外，还可以在换季时提醒客户及时维修保养车辆。

二、不定期服务方法

不定期与客户沟通，为客户提供服务是保险销售员在实际活动中认真完成的。

当客户升职时，一定要给他去个电话，表示祝贺；当自己升职时，也要给客户发去感谢函，感谢他的惠顾；当客户家中有喜事时，要送些小礼物表示关怀；当自己所在的保险公司举办联谊活动时，可以通知自己的客户参加；可以不定期举办聚会，帮助客户开拓社交圈，这也是提供售后服务的方法。

1. 登门拜访

为使客户真正感受到保险销售员对他们的关心，在为他们提供售后服务时应该大方自然，不要让客户觉得是有备而来，要达到什么目的才这么做的；也不一定要花费很大，或占用客户很多的时间。

2. 书信问候

如果售后服务都集中在逢年过节，那保险销售员会显得十分繁忙，所以不妨利用书信的方式与客户保持联系。信函不必太长，简单的几句问候语、寄一些相关资料就可以了。只要你心中有客户，并时时让他们感受到，就能让他们感觉到你对他们的关心。

3. 电话或网络问候

通信事业的发达，为保险销售员做好售后服务工作。每天抽出一点时间来给客户打电话，分期分批地进行联络，既不会冷落客户，又不会让自己太被动。传真机大部分都在办公场所，传真贺卡，让客户的同事看到你对他们的祝福，这样可扩大你的影响力，更强化了你在他们心目中和他们的同事眼中的印象，借此提升你的名声，并可得到客户的转介绍。通过互联网给客户发电子邮件，迅速快捷。

唯有人寿保险才能给予你至爱的人绝对的安全感。

——彼得·威尔逊（偶戏大师）

及时向客户递送保单

【要而言之】

客户投保后，送出保险单的过程非常重要。客户签单之后，保险销售员不要因为忙于开拓新市场而把保单放在一边，迟迟不给客户送去。要知道客户交钱之后，在没有看到保单正本之前，心里会焦急不安。

【详细解读】

一、递送保单的事前准备

业务员在给客户递送保单之前，要做好下图所示的准备工作。

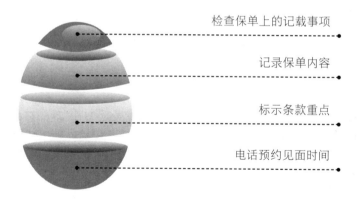

检查保单上的记载事项
记录保单内容
标示条款重点
电话预约见面时间

递送保单的事前准备

二、递送保单的步骤

递送保单的步骤如下图所示。

第八章
完善售后服务技巧

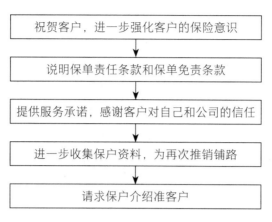

递送保单的步骤

小提示

计划周详且迅速地递交保单,对于保单续保率相当重要。而保单续保率高,有利于保险销售员提升业绩和收入。

情景再现

向客户递送保单

保险销售员:杜姐,您好!恭喜您为自己和家人购买了这份保险。一般人通常不一定会考虑到未来的风险,但您有这个观念,说明您很富有远见;剔除经济上的情况不说,并不是所有的人都能够投保保险。实际上,人寿保险只有当客户在健康、道德、财务的条件全部满足后才能买到,所以您的保单能顺利承保,说明您的健康、道德、财务都非常好啊!

客户:哪里,你过奖了。

保险销售员:让我来重新解释一下您保单的保障范围……(展示保单进行说明)

保险销售员:刚才所讲的还有哪些内容需要我再详细解释呢?(等待回答)

客户：没有了。

保险销售员：如果没什么问题，我就正式将这份保单交给您，非常感谢您一直对我的信任，请在这儿签收（拿出保单送达书回执）。如果将来对保单有任何不清楚的地方，您随时都可以联络我，或公司有任何最新资料我都会及时通知您。

客户：好的，谢谢。

保险销售员：在您熟悉或认识的朋友当中，像您这样特别有责任心或爱心的能介绍一下让我服务吗？

这是一件奇怪而反常的事，人们会小心地去为他们的房子、车辆、游艇等一些商品去保险，却忽略了为他们的生命保险。生命对他的家庭而言是最重要的，且容易受到外来的因素而遭受损失！

——本杰明·富兰克林（美国政治家、物理学家）

第八章
完善售后服务技巧

提供良好的保全服务

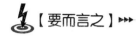

保全服务是售后服务的一项重要的专业内容。做好保全服务是保险销售员的义务,享受保全服务更是客户应有的权利。

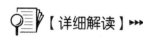

一、合同撤销权的行使

投保人在收到保险单后10日内,且未发生保险金给付时,可以提出撤销申请。投保人要准备好下列文件,到保险公司办理。

(1)撤销保险单申请书。
(2)保险单。
(3)第一期保险费收据。
(4)投保人身份证件。
(5)如是委托他人办理,需提供授权委托书和受托人的身份证件。

二、保险合同的变更

在合同相应期限内,投保人如需变更合同内容,应及时提出申请,并准备好下列文件,到保险公司客户服务部办理。

(1)保险合同内容变更申请书。
(2)保险单。
(3)投保人(或被保险人)身份证件。
(4)如是委托他人办理,应提供授权委托书及受托人的身份证件。

三、保险合同效力的恢复

保险合同中止后,投保人可在2年之内,申请复效,并准备好下列文件,到保险公司客户服务部办理。

(1)保险合同复效申请书。

(2)保险单(附最后交费凭证)。

(3)健康告知书。

(4)如果不是投保人亲自办理,则需提供授权委托书及受托人的身份证件。

做好保全服务,会使客户对保险销售员和保险公司有更强的信心,有助于保险销售员事业的拓展。

保持适当的寿险应是大多数公民自身的一种道德责任。

——罗斯福(美国前总统)

全方位附加值服务

【要而言之】

售后服务除了专业的服务内容之外，还应包括附加值服务，加强与客户感情上的联系，针对客户的需求做好有关方面的服务工作。

【详细解读】

一、进行定期沟通

有些客户希望保险销售员能与其定期沟通，如见面或打电话，以维系感情并维持良性互动。在定期沟通中，保险销售员可以了解客户对保险产品满意度和其他需求，并随时更新客户资讯，如客户是否将搬新家或变更地址。

二、赠送定期刊物

有些客户对保险比较感兴趣，想进一步了解保险产品的发展趋势，或对自己所购买保单的内容比较关心，希望了解保险公司定期提供的最新保险产品介绍与相关资讯。

三、社会回馈

由于消费者保险意识增强，客户对保险公司应尽的社会责任的期望也越来越高。保险公司的社会回馈行为与其公司形象有关，而消费者通常偏向于向形象较好的公司购买寿险保险产品，所以，消费者也可能将一家保险公司所做的社会回馈的多少，当作是选择保险公司的参考条件。

四、收费通知人性化

有些客户认为保险公司在收费之前预先通知客户的做法很值得赞赏，但还可以做得更好。如收费通知单可以不用公式化，最好是能够有创意，而且应朝人性化、温馨化方向去设计。

五、赠送礼品

中国是礼仪之邦，注重礼尚往来。一张生日贺卡、年节贺卡或一份日历，不但传达了保险公司或保险销售员对客户的祝福之意，而且也可以表示对客户的关怀。这样做，不但可以增进与客户之间的感情，而且也可以让客户对保险公司或保险销售员更有认同感。

六、便捷的收费方式

保险公司派收费员亲自收费的方式太过麻烦，也可能对客户造成困扰，如客户可能不在家，或是为了等收费员来收费，还得放下其他事情不能去办。因此，保险公司可以通过银行或邮局转账，以利客户缴费，也可以派人到客户上班的地点收费。

七、提供契约转换

当客户的需求或经济能力改变时，往往需要保险公司提供契约转换的服务。保险公司或保险销售员对契约转换服务的被动、消极或拖延的做法，常常会使客户对保险公司产生不好的印象。因此，弹性的契约转换方式，是客户较重视的售后服务项目。

八、提供海外救援

随着我国经济的发展和人们生活水平的提高，出国旅游和因公出国的人越来越多，让不少消费者增强了出国期间的危机意识。这种现象，除了直接增加旅行平安保险的销售外，也产生了在客户出国期间的一般旅游咨询业务以及医疗救援服务的海外急难救助业务。

九、提供路途营救

为了争取更多的客户，不少保险公司都提供路途营救的额外服务。随着竞争的加剧，通过比较，客户在购买保险时往往会向保险销售员要求这一售后服务。

 **情景再现**

等我老了再买

准客户：现在还年轻，等我老了再买吧。

保险销售员：这里我想和您探讨几个问题。第一个问题是，事故不一定等到我们老了的时候才会发生，假如有一个人还没老就碰到事故，他的家人岂不惨了。第二个问题是，您准备老的时候才投保，当然是想少缴些保险费，但事实上那时候缴的保费却会贵得把您吓倒。有一个比喻："年轻时缴保费像口袋里装弹珠，有感觉但不重。中年时缴保费像口袋装棒球，有负担但还可以忍受。老年时缴保费像随时背个排球，既沉重又不自在。"

准客户：你的这个比喻很形象嘛。

保险销售员：谢谢夸奖。现在我给您讲第三个问题，您想保的时候，保险公司不一定会接受。人的年纪一大，身体状况总是比较差，而且身体毛病也比较多，这样对于其他投保的客户是不公平的，所以保险公司也会衡量是否能够承保。所以请您注意：当您想保险的时候，很可能就是保险公司不想保您的时候。不但如此，趁年轻时赶快投保还有一个好处，您只要及时办理，善加保养身体，避开高风险因素，短短20年时间眨眼即过，自己岂不是可以享受到满期回收的好处吗？

妥善处理客户抱怨

【要而言之】

保险销售员在理清客户抱怨的原因之后,就应赶快予以处理。在处理抱怨时,遵循五个"多一点":耐心多一点;态度好一点;动作快一点;补偿多一点;层次高一点。

【详细解读】

一、耐心多一点

客户之所以会抱怨,一定是对公司的保单或服务产生不满。在这种情况下,公司的抱怨处理人员如果不能很有耐心地听完客户的抱怨,也就不能很好地处理客户的抱怨,就不容易与之沟通。而且可能因此忽略客户抱怨的真正原因,造成沟通上的障碍。有些人在还没听完客户抱怨就打断其谈话或批评客户的不是,这样就更容易造成与客户之间的冲突。因此,比较理想的处理模式应该是,耐心地听完客户的抱怨,让他的气先"泄"完了,他就自然比较能够听得进公司人员的解释或道歉了。

二、态度好一点

既然客户向公司抱怨,很可能是对公司的保单或服务不满意,那么恶劣的处理态度,会让客户对公司产生更坏的印象。这种雪上加霜的做法,往往会让事情恶化;相反,和善的处理态度(赔不是、表示同感、婉言相劝)往往可以先消去客户一半的怒气,此时他才能以比较理智的态度与公司沟通。

三、动作快一点

处理抱怨的动作快一点：第一，让客户感受到尊重；第二，表示公司解决问题的诚意；第三，可以及早防止客户的负面渲染对公司造成更大的损失。这种快速的处理方法，可以让客户感受到公司负责任的态度，使他们对公司的印象改观。

四、补偿多一点

客户抱怨之后，往往希望能得到一定的补偿。既然是因为公司提供的保单不够理想或服务出了问题，才导致客户需要花费额外的时间与精力来要求补偿，那么，客户对于补偿性保单或服务的期望，也相对地会比公司第一次提供的保单或服务来得高。因此，只要公司确认有必要提供补偿客户时，就必须提供额外的利益以补偿客户额外花费的时间与精力。

公司所提供的额外利益可能花费很小，但常常可以让客户体会到公司处理问题的诚意，当然也是消减怒气的一大良方。

五、层次高一点

处理抱怨所涉及的管理层级，也会影响到处理效果及客户的感受。每个抱怨的客户都希望他的问题受到重视。因此，适当地提高处理抱怨人员的管理层级，可以让客户觉得受到尊重。一旦客户觉得受到尊重，他就比较容易接受道歉，沟通起来也会更顺利。

加强客户资料管理

【要而言之】

成功的保险销售员往往善于收集、整理、保存和利用各种有用的客户资料。要实现客户固定化,首先必须知道现在已有多少客户,还要了解这些客户的有关资料情况,这就需要建立客户资料档案,做到心中有数。

【详细解读】

一、收集客户的资料

收集资料是最基本的工作,客户的资料包括以下四个方面。

(1)关于客户本人的资料。

(2)与客户相关的资料。

(3)关于金钱的资料。

(4)关于时间的资料。

在保险推销领域中,客户的资料包括两大类:一类是未成交的客户资料;另一类是已成交的客户资料。

对于未成交的客户,至少要收集以下各种有关资料。

(1)客户的姓名、年龄、地址。

(2)客户的职业。

(3)客户的经济状况。

(4)客户的家庭状况。

(5)客户的投保意向。

对于已成交的客户,则需要全面收集资料,无论详细与否,均一一收录,越细致、越深入就越好,这将对今后提高服务品质有很大的帮助。

二、整理资料加以分类

收集了资料之后,必须按照一定的标准加以分类、整理、建立客户档案。整理分类的标准有许多,比如按照投保的意向来分,可以分为以下两类。

(1)理想的客户。有强烈的投保意愿;有足够的经济支付能力;符合投保条件;容易接触。

(2)比较理想的客户。相对理想的客户而言,稍有些欠缺。

三、信息化处理工作

分类整理、建立客户档案,保险销售员将客户的资料变成有用的信息,这个过程就是信息化处理。以名片为例,将收集来的名片进行整理分类后,接下来便是建立档案卡。这个工作可以在分类整理时完成,也可以先分类整理,再建卡立档。信息化处理的方式有以下几种。

(1)手工抄写式资料卡。可以在收集客户资料时一步到位,随时补充、适时分类,然后存档。

(2)计算机存档。也是以资料卡为准,再加上录入计算机这一程序。

(3)进行信息化处理的同时,还应制作携带式资料和简式资料,具体如下表所示。

携带式资料和简式资料

序号	类别	制作方法	备注
1	携带式资料	制作方法不限,可以是表格式的,也可以是电子笔记本式的,或者其他方式的	便携式资料要携带方便,易于保管,查找方便,门类齐全。制作携带式资料是为了每日外出拜访客户时使用
2	简式资料	一般简式资料用计算机打印,在每个客户后边留出至少10个以上的空格,供填补用。简式资料分类以事件为标准,这样归类容易,信息化处理也容易	随手制作的一种表格,主要供外出时应急之用

真诚服务留住客户

【要而言之】

保险销售员应当记住：服务，服务，再服务。为你的客户提供如此之多的优质服务，以至于他们对产生与别人合作的想法而感到内疚不已！成功的销售生涯正是建立在这类服务的基础上。

【详细解读】

一、不要让客户感到遗憾

平时在销售上需要注意的事情很多，但这一条绝不可忽略。我们必须不断从各种角度去检查自己的服务到底让客户满意到什么程度，客户是否曾有过遗憾？只有不断做这样的反省和检查，才能不断地提高自己服务的质量，以赢得更多的客户。

二、对客户一视同仁

保险销售员应有这种观念：凡是购买我们保险的，无论富贫、贵贱、职位高低，都是我们的客户，都应该受到公正、平等的对待。当你对所有客户都一视同仁时，客户就会因你公正、公道的为人而选择你。

三、尊重客户

你的每一个客户都是一个独立的个体，都有独特的人格，你必须尊重他。销售时，有时你们可能因为意见相异而同客户产生摩擦。此时更需要你注意自己的言谈举止，尊重自己的客户。你的态度可能成为你和客户之间良好关系建立的起点，也可能成为引发你和客户之间战争的导火线。总之，不管什么情况，都不该失去礼貌。若你言辞诚恳，你的客户会对你留有良好的印象，从而愿意再次联系。

四、时刻为客户着想

销售时，要先衡量自己的产品，然后再销售。不要忘了站在消费者的立场上真心实意地为客户着想，对此不应抱无所谓的态度。

五、诚实对待客户

对客户一定要诚实，靠欺骗客户混日子是长久不了的。有时候，虽然能蒙骗客户一时，但不能蒙骗他们一世。在现实中常会上当受骗的人不多，客户是聪明也是公正的。只要他觉得上过你的当，日后定会避你远之，而且还会将经历告诉他所认识的人。其结果必然是，你的客户日渐稀少，生意冷淡。所以，千万不要欺骗客户。

 **情景再现**

保费太高了，给我换个便宜的

准客户：这个保费太高了，给我换个便宜的。

保险销售员：当然您可以买保费较低的保险，可是如果买的是保费较低的险种，或许有一天真用到保险时，就会发现这样的金额根本无法充分满足需求，也没有体现出安定生活的功能。

准客户：不会吧？

保险销售员：所谓一分钱一分货，这份保险的费用并不是很高，应该不致影响您目前的生活，何况保险本来就是预防损失，为未来生活准备资金的一种措施，每年提存一笔固定的费用，万一发生事故时，可以给家人充足的生活费用；没有重大事故发生时，则累积将来可用金额。

> 准客户：听起来是一个不错的主意！
>
> 保险销售员：时间是无情的，您若及时存进这些款项，几年后就会拥有一笔可以运用的资金。如果您认为这笔钱不买保险，储蓄起来，几年后一样可以应用，这当然是一个好方法，但依常人的习惯，很少人能持之以恒地养成这种习惯。因此，蹉跎几年后，很可能会后悔当初没有强迫自己储蓄。更可以这么说：用这笔钱买保险，不会让您的生活因此变贫困，而把这笔钱存起来，也不见得会增加多少财富，所以为了兼顾保险与储蓄，唯有先投资才能在未来得到回报。

六、欢迎难缠的客户

有时会遇到一些难缠的客户，不要以为这一定是坏事。没有挑剔的客户，我们也不会有大的进步。因此，对于难缠的客户不要拒之门外，而应表示欢迎。对很挑剔的客户又要毫不嫌烦地耐心对待。听了他的意见后再一项一项改进，这样你的服务定会日益完美，超越他人。

七、主动地为客户服务

做销售必须彻底实践对客户应尽的礼仪和责任。不仅用嘴说如何为客户服务，而且要用实际行动实践这项义务。必须对客户心存感激并主动地为客户服务。只要客户表示有什么问题，就要尽力帮助。商品卖出后，应注意售后服务。只有为客户提供满意的服务，客户才乐意购买，业务才能长盛不衰。所以，要发展业务，必须主动地为客户提供满意的服务。

八、提醒客户不要错过

买卖的方法，随着时代的变迁而改变。现在，在买卖上"提醒客户"的重要性日益增加。几年以前，只是向光临的客户好好地推荐，说明商品的特性，促进买卖。但近几年来更多的是主动地促销，去拜访客户，积极地销售。当你发现这种商品不错，用起来很方便时，应该想到向客户推荐。如果你这么做，你的客户就会为你的热诚所感动，而有意试用该产品。经过使用后若发现果真用起来很方便，他就会对该产品产生信心。客户对你有了信心，业务自会增加。

 **情景再现**

让我再考虑几天

准客户：我想好好考虑几天。

保险销售员：是的，您在付保险费之前，是应该多加考虑，但我想您可以先把申请工作做好，节省一些不必要的时间，因为这样一份高保额保险，公司在接受上也需要时间去评估，所以我建议您先填妥申请书，填好后我们再来研究您需要考虑的问题。

准客户：但是不考虑好我心里没底。

保险销售员：您一定在想，购买这样一份保险，到底是对还是不对？其实这是不用担心的，很多和您一样成功的企业家，他们也都买了这样的保险，而且在投保前也是慎重加以研究和分析，最后放心地委托我们办理。他们所担心和考虑的事，一定和您大同小异，他们能接受这份保险，已经是一个证明。

准客户：很多企业家都买了这种保险？

保险销售员：是的，如果您认同的话，我建议您应该马上研究，因为假如没有立刻处理，等我回去后您才觉得有些细节必须由我解释和说明，这么一来，岂不是更浪费您宝贵的时间？

准客户：可是我对这份保险不是很了解。

保险销售员：我想基本上您已经认同这份保险，也大致了解其中细节，所以不要再延误了这几天的时间，时间对您这种成功的企业家而言，永远是不够用的，您应该把宝贵的时间用在企业经营和发展的运作上，而把不是您专业的保险问题留给我处理。客户先生，我相信我可以成为您最适合的保险销售员，您愿意给您自己和我这样的机会吗？

九、利用广告让客户认识产品

并不是好的产品做出来就可以了，还要想办法让客户知道。把产品介绍给别人是一种义务，也是广告宣传的意义。作为一名保险销售员，你也应该有及时把商品信息传递给客户的义务。这样，一方面帮助和方便了客户；另一方面也促进了销售。

十、耐心对待客户

在向客户销售一些使其改变现有习惯或使用方法的新产品时，销售人员必须有很大的耐心，巧妙地向客户介绍。不应该贸然批评客户，要知道，客户常常以为自己是对的。在客户不愿接受他人意见，不甘心被他人说服的情况下，要说服他简直比登天还难。所以保险销售员一定要感化客户，要把客户当作你的朋友，耐心地解说。只有这样，客户才愿意改变看法并接受你的建议。

 **情景再现**

我对保险没兴趣

准客户：对于保险，我没有什么兴趣。

保险销售员：当然，保险不能当兴趣来看待，保险是绝对的必需品，是无法省却的配备。假如您说对保险充满兴趣的话，不但是保险公司，连我都会害怕，因为一个说他对保险有兴趣的人，往往有潜在问题存在。

准客户：是吗，对保险有兴趣还有问题啊？

保险销售员：是啊，您对保险没兴趣，表示您不会存有道德上的风险，正是我们最佳的承保对象，我想提供最好的投保资料给您做参考，希望能帮助您更客观地评估。